COLLECT THE
WWWORLD

THE ARTIST AS ARCHIVIST
IN THE INTERNET AGE

Center for the Arts
of the Information Ag

LINK Editions

Domenico Quaranta, *In Your Computer*, 2011
Valentina Tanni, *Random*, 2011
Miltos Manetas, *In My Computer – Miltos Manetas*, 2011
Gene McHugh, *Post Internet*, 2011

Collect the WWWorld
The Artist as Archivist in the Internet Age

Publisher: LINK Editions, Brescia, September 2011
www.linkartcenter.eu

Printed and distributed by Lulu.com
www.lulu.com

ISBN 978-1-4709-0161-5

DOMENICO QUARANTA

Collect the

The Artist as Archiv

WWWorld

in the Internet Age

Like any other exhibition, I believe, Collect the WWWorld is the sum of many parts: hundreds of stimuli, reflections, notes, sidenotes, bookmarks; things read, places visited, visions; all of which, at one point, seemingly inevitably starts to cluster around one theme, one key word. And the clearer the center of gravity of this nebula becomes, the easier it is for it to attract other materials and hence influence and organize our avenues of research. It is difficult, in this initial phase, to understand whether this nucleus is a star that illuminates all the rest or rather a black hole that swallows up everything that strays into its path and deprives it of meaning; this being, of course, one of the risks as well as the delights of any investigation.

Collect the WWWorld takes as its point of departure the very moment an incoherent mass of ideas turns into a hypothesis, one that may be verified by means of works of art along with one's research and readings. The hypothesis on which the exhibition is based was initially summed up as the following concept: "Collect the WWWorld wants to demonstrate how the Internet generation is implementing and developing a practice started in the Sixties by Conceptual Art, and further developed in the next decades in the forms of Appropriation Art and postproduction: the practice of exploring, collecting, archiving, manipulating, reusing huge amounts of visual material produced by popular culture and advertising."

—

The first revelation is connected to my realization that I was a systematic collector of digital data.

—

Come, credo, ogni mostra, Collect the WWWorld è figlia di molte cose: centinaia di stimoli, riflessioni, appunti, note a margine e segnalibri, letture, visite e visioni che a un certo punto, inesorabilmente, cominciano ad aggregarsi attorno a un punto, una parola chiave. Più il centro gravitazionale di questa nebulosa si schiarisce, più assume la capacità di attrarre altri materiali, di organizzare e condizionare le nostre linee di ricerca. Se questo nucleo sia una stella che illumina tutto il resto, o piuttosto un buco nero che ingloba, e priva di senso, qualsiasi cosa entri nel suo raggio d'azione, non è facile capirlo in questa prima fase: è uno dei rischi, e dei piaceri, di ogni progetto conoscitivo. Collect the WWWorld inizia in questo momento: il momento in cui una nebulosa confusa di pensieri diventa un'ipotesi da verificare, attraverso opere d'arte, ricerche e letture. L'ipotesi della mostra era così riassunta nel concept iniziale: "Collect the WWWorld intende mostrare come la generazione di Internet stia dando nuovo slancio a una pratica artistica inaugurata negli anni Sessanta dall'arte concettuale, e sviluppatasi nei decenni successivi nelle forme dell'appropriazione e della postproduzione: quella che vede l'artista esplorare, raccogliere, archiviare, manipolare e riutilizzare grandi quantità di materiale visivo prelevato dalla cultura popolare e dal mondo della comunicazione." In questa rozza formulazione – sui cui presupposti storici torneremo brevemente più avanti – si perdeva molto della nebulosa iniziale. Fra le molte perdite c'erano gli esiti di una duplice rivelazione.

This gave a rough idea of the show's intent – I shall be touching on its underlying historical assumptions below – but sacrificed much of the initial richness. Also lost in the telling were the effects of a twofold revelation.

Cache Rules Everything Around Me [1]

> "Everybody collects. Something. Anything. Again and again. Sometimes consciously and with a long-term strategy, other times without thinking much. For instance, take the trash."
>
> — *Matthias Winzen* [2]

The first revelation is connected to my realization that I was a systematic collector of digital data. The banality of this particular revelation, it should be said, is rivaled only by how rarely it actually occurs. After all, anyone who uses a computer is a systematic collector of digital data. I myself started saving data from the Web in the days when navigating meant tying up the phone line for hours and sending the phone bill through the roof. Further down the road I was still relying on "Save As" as my primary, basic selection system to stockpile everything I was convinced was deserving of a second or even a third glance. I had no conscious intention of forming a collection, even if the choice *not* to delete it all after that eventual second

—

La prima rivelazione è legata alla mia scoperta
di essere un collezionista sistematico di dati digitali.

—

Cache Rules Everything Around Me [1]

> "Tutti collezionano. Qualcosa. Qualsiasi cosa. Ancora e ancora. A volte consapevolmente e con una strategia a lungo termine, altre senza pensarci troppo. Pensate alla spazzatura, ad esempio."
>
> — *Matthias Winzen* [2]

La prima rivelazione è legata alla mia scoperta di essere un collezionista sistematico di dati digitali. La sua banalità è pari solo alla rarità con cui se ne prende coscienza. Chiunque usi un computer è un collezionista sistematico di dati digitali. Io ho cominciato a salvare dati dalla rete ai tempi in cui navigare significava tenere occupata la linea telefonica, e far salire alle stelle i costi della bolletta.
Più tardi, ho continuato ad affidarmi al "Save As" come primo, basilare sistema di selezione, per raccogliere tutto ciò che – ne ero certo – avrebbe meritato un secondo o un terzo sguardo. Non era mia intenzione costituire una collezione, anche se certamente è stata una scelta non cestinare tutto dopo quel secondo sguardo – che in molti casi, del resto, non è mai arrivato.
Ciò che ho raccolto negli anni si è accumulato sul computer, e quindi nei numerosi, e sempre più capienti, dischi di back-up. Andare a frugare, a distanza di tempo, in quella confusione di cartelle e sottocartelle mi ha fatto sentire il proprietario di un museo di discrete proporzioni.

glance – which often never even materialized, by the way – was in fact a conscious decision in itself. Everything I assembled over the years simply accumulated on the computer, and from there in the myriad backup discs with their ever-increasing storage capacity. When, at a later date, I would rummage through that jumble of folders and subfolders, I unfailingly felt like the owner of a medium-sized museum. The fact is, most of what was accumulating on my computer is art, or what I saw as art. And much of this material has disappeared from the Web without a trace. The collection includes documentary material, "poor" versions of digital originals and numerous "originals" as well, or else identical copies of a digital "original" (software, animation, websites) – all of it assembled without the slightest pretense of collecting. We'll have another look at this distinction later on, but not before I explain that all of the above constitutes no more than a small part of my archives. The rest I accumulated altogether unconsciously, thanks to a function of the program I use for navigating: its chronology, or cache. Every time we access a web page, in fact, the browser memorizes certain data on our computer so the server won't need to be pressed into service to retrieve that data the next time around. Naturally, the browser has no idea whether our visit was just a chance encounter or how intentionally, or randomly, we opened the image: it merely keeps a record of our navigation. Ergo, whatever we don't deliberately delete, we keep. In the

—

In the cache era, accumulating data is like breathing: involuntary and mechanical. We don't choose what to keep, that is, but what to delete.

—

Buona parte di ciò che è andato accumulandosi sul mio computer, infatti, è arte, o come tale si è proposta al mio sguardo. Di molto di questo materiale non c'è più alcuna traccia in rete. La raccolta comprende materiale documentario, versioni "impoverite" di originali digitali e numerosi "originali", o copie identiche di un "originale" digitale (software, animazioni, siti web) – il tutto raccolto senza alcuna velleità collezionistica. Su questa distinzione dovremo tornare, ma non prima di aver chiarito che tutto ciò costituisce solo una piccola parte del mio archivio.
Il resto l'ho accumulato del tutto inconsapevolmente, grazie a una funzione del programma che uso per navigare: la sua cronologia, o *cache*. Ogni volta che accediamo a una pagina web, il browser memorizza sul nostro computer alcuni dati, in modo da non doverli richiamare dal server al prossimo accesso.
Il browser non sa quanto casuale sia quella visita, quanto poco intenzionale sia l'apertura di quella immagine: si limita a tenere memoria della nostra navigazione. Tutto ciò che non eliminiamo di proposito, lo conserviamo. Nell'era della *cache*, accumulare è – come respirare – un atto involontario e meccanico. Non scegliamo più cosa salvare, ma cosa cancellare.

cache era, accumulating data is like breathing: involuntary and mechanical. We don't choose what to keep, that is, but what to delete.

Versions

> "The poor image is a copy in motion. Its quality is bad, its resolution substandard. As it accelerates, it deteriorates. It is a ghost of an image, a preview, a thumbnail, an errant idea, an itinerant image distributed for free, squeezed through slow digital connections, compressed, reproduced, ripped, remixed, as well as copied and pasted into other channels of distribution."
>
> — *Hito Steyerl* [3]

Not only does the use of digital technology essentially redefine the act of assembling data; it also affects the very nature of the material assembled, to the same degree. Take an image, for example. A digital image may be the documentation of an event or an actual object (a family gathering, a landscape, a performance, or a work of art). This means it will either have been created digitally or be the digitalization of a physical artifact (such as a photograph or a page from a newspaper). In all these cases, we are dealing with an experience mediated by its documentation, and what we often get is a poor image. Hito Steyerl has described poor images as not only the low-resolution version of a high-quality "original," but above all as an essentially

—

Nell'era della cache, accumulare è – come respirare – un atto involontario e meccanico.
Non scegliamo più cosa salvare, ma cosa cancellare.

—

Versions

> "L'immagine povera è una copia in movimento. La sua qualità è pessima, la sua risoluzione bassa. Se accelera, si deteriora. È il fantasma di un'immagine, un'anteprima, una thumbnail, un'idea tradita, un'immagine itinerante distribuita gratuitamente, spremuta attraverso connessioni lente, compressa, riprodotta, lacerata, remixata, copiata e incollata in altri canali di distribuzione."
>
> — *Hito Steyerl* [3]

Ma la fruizione digitale non ridefinisce sostanzialmente solo l'atto della raccolta; condiziona anche, in egual misura, la natura del materiale raccolto. Prendiamo, ad esempio, un'immagine. Un'immagine digitale può essere la documentazione di un fatto o di un oggetto reale (una festa in famiglia, un paesaggio, una performance, un'opera d'arte). In tal caso, può essere stata realizzata digitalmente o essere la digitalizzazione di un artefatto fisico (una fotografia, una pagina di giornale). In tutti questi casi, ci troviamo di fronte a una esperienza mediata dalla sua documentazione e, spesso, a un'immagine povera. Le immagini povere sono state descritte da Hito Steyerl non solo come la versione a bassa risoluzione di un "originale" di alta qualità, ma soprattutto come un fatto politico, che apre a nuove prospettive di circolazione, fruizione e manipolazione delle immagini, e che si oppone all'alta risoluzione come manifestazione muscolare del potere.

political act that opens new horizons for the circulation, use and manipulation of images: a prospect that challenges the macho dominance of high resolution.

Alternatively, a digital image may be one of the many possible versions of a digital "original." Boris Groys [4], for one, believes that "original" digital images do not exist, the original of a digital image being the image file: a flow of digital information that becomes visible only when it is executed, or staged, as it were, by a program. Each digital image is therefore the documentation of an invisible original: the file itself. These observations notwithstanding, the notion of originality is reintroduced in the form of a convention – or a mystification, as some will have it – deriving from a power system that associates originality with an established level of quality, a specific kind of certification, a precise placement.

The above distinctions – mediated reproduction, a poor image, an original – are still conceptually valid, mind you, but the rising generation of users and creators are developing a different sort of sensibility toward them. This is an inevitable process, if we consider that the overwhelming majority of our experiences are connected to nothing other than mediated reproductions and poor images. Indeed, mediated experience is perceived as authentic experience. "I enjoy interpretations and mediated experiences: books about books, exhibition catalogs, interpretations of films. Some of my favorite artworks and movies have only been described to me," Oliver Laric

—

Imediated experience
is perceived as authentic experience.

—

Oppure, un'immagine digitale può essere una delle tante, possibili versioni di un "originale" digitale. Secondo Boris Groys [4], non esistono immagini digitali "originali". L'originale di un'immagine digitale è il file d'immagine – un flusso di dati digitali che diventa visibile solo quando viene eseguito, messo in scena da un programma. Ogni immagine digitale è quindi la documentazione di un originale invisibile, il file. Nonostante questo, la nozione di originalità viene reintrodotta come convenzione – o, per alcuni, come mistificazione – da un sistema di potere che associa l'originalità a un determinato livello di qualità, a una specifica forma di certificazione, a una collocazione.

Queste distinzioni – riproduzione mediata, immagine povera e originale – sono ancora concettualmente valide, ma le nuove generazioni di fruitori e di creatori stanno sviluppando una sensibilità diversa nei loro confronti: un processo inevitabile, quando la maggior parte delle nostre esperienze si lega, appunto, a riproduzioni mediate e a immagini povere. L'esperienza mediata viene vissuta come esperienza autentica. "Mi piacciono le interpretazioni e le esperienze mediate: libri che parlano di libri, cataloghi di mostre, interpretazioni di film. Alcune delle mie opere d'arte e dei miei film preferiti non li ho visti: mi sono solo stati descritti", ha dichiarato Oliver Laric [5]. Le immagini povere vengono considerate non, banalmente, riproduzioni, ma versioni legittime del lavoro adattate a uno specifico sistema di distribuzione o,

has declared [5]. Moreover, poor images are considered to be not mere reproductions but legitimate versions of a work, adapted to a specific distribution system; at best, they are seen as intermediate phases of an ongoing process unfolding somewhere between physical space and information space: works in progress that you can always go back to, in any case. As Seth Price explains in his video work *Redistribution*: "Software works like this; it's essentially in flux, always pointing to the next version and the last version, but somehow understood to be the same over time. This has transferred to a lot of my work, including this video." [6]

Redistribution

"This song is Copyrighted in U.S., under Seal of Copyright #154085, for a period of 28 years, and anybody caught singin it without our permission, will be mighty good friends of ourn, cause we don't give a dern. Publish it. Write it. Sing it. Swing to it. Yodel it. We wrote it, that's all we wanted to do."
— *Woody Guthrie* [7]

Once an image – and the following holds for any other cultural artifact as well – is introduced to this particular distribution network, it becomes subject to very different rules than those in force in a world of atoms. For too long, in fact, the de-

—

L'esperienza mediata
viene vissuta come esperienza autentica.

—

al limite, fasi intermedie di un processo in corso, che si muove tra lo spazio fisico e lo spazio dell'informazione, e su cui si può sempre ritornare. Spiega Seth Price in *Redistribution*: "Il software opera in questo modo: è un flusso continuo, di cui si attende sempre la prossima, e l'ultima, versione, eppure percepito come qualcosa di unitario nel tempo. Questo ritorna in molti dei miei lavori, incluso questo video." [6]

Redistribution

"Questa canzone è protetta, per un periodo di 28 anni, dal diritto d'autore negli USA, e chiunque sia beccato a cantarla senza il nostro permesso, sarà un nostro grande amico, perché non ce ne frega un cazzo: Pubblicatela. Scrivetela. Cantatela. Ballatela. Fateci uno yodel. L'abbiamo scritta, non volevamo altro."
— *Woody Guthrie* [7]

Una volta immessa in quel circuito distributivo, un'immagine – ma il discorso vale per ogni artefatto culturale – diventa soggetta a regole molto diverse da quelle in vigore in un mondo di atomi. I difensori del vecchio modello di copyright si sono illusi per troppo tempo che "l'informazione vuole essere libera", la celeberrima frase di Stewart Brand [8], fosse una dichiarazione di intenti, e non

fenders of the old copyright model deceived themselves into believing that "Information wants to be free," in Stewart Brand's famous phrase [8], was no more than a clarion call, and not a bald statement of fact. There is no way around it: whatever is digital is copyable and can be manipulated by whomever gets possession of it. The artists featured in this exhibition are well aware of this; it's part of the contract, as Price says. They get their hands on any and everything that attracts their attention and invite others to do the same with their own works. And while they lose the rights to their own creations, they acquire an unprecedented power over the creations of others. They live in a culture of abundance and information overload, one in which creative practices have expanded to include things well beyond the conventional limits of a hypertrophied "creative class"; a culture in which whoever creates anything can immediately access the level of distribution. In this context, the act of assembling, categorizing, manipulating and redistributing material takes on a prominent social role, since it guarantees the survival of certain messages over time, while consigning the others to the depths of the global database we live in. What is responsible for this overabundance of information?

—

There is no way around it: whatever is digital
is copyable and can be manipulated
by whomever gets possession of it.

—

la constatazione di uno stato di fatto. Non esistono vie di fuga: tutto ciò che è digitale è copiabile, e manipolabile da parte di chiunque se ne impossessi. Gli artisti inclusi in questa mostra ne hanno preso atto: è, come dice Price, parte del contratto. Mettono le mani su qualsiasi cosa attiri la loro attenzione, e invitano gli altri a fare lo stesso con il loro lavoro. Perdono i diritti sulle proprie creazioni, ma acquisiscono un potere senza precedenti su quelle altrui. Vivono in una cultura dell'abbondanza e del sovraccarico informativo, in cui le pratiche creative si sono estese molto al di là dei limiti convenzionali di una "classe creativa" già ipertrofica e in cui chiunque crei qualcosa può accedere immediatamente al livello della distribuzione. In questo contesto l'atto di raccogliere, categorizzare, manipolare e redistribuire assume un ruolo sociale di primo piano, garantendo ad alcuni segnali la sopravvivenza nel tempo e lasciando che gli altri sprofondino negli abissi più profondi del database globale in cui viviamo. Ma che cosa determina questa sovrabbondanza di informazione?

Deep Storage

"The Internet's effects on memory are still largely unexplored, Dr. Sparrow said, adding that her experiments had led her to conclude that the Internet has become our primary external storage system. "Human memory," she said, "is adapting to new communications technology."

— *Betsy Sparrow* [9]

The second revelation that emerged during the planning stage of Collect the WWWorld came out of a troubling discovery: I realized that the process of externalizing my memory was by now almost complete. Once again, this process involves us all. More and more often, in fact, our personal memories are entrusted to camera lenses built into the countless gadgets that surround us: gadgets which we rely on to remember for us. We lavish on the Web our emotions and our most ephemeral thoughts. Virtually every attempt to remember anything at all comes down to a Google search. The need to impose some form of order on the fluid magma of the information submerging us every day drives us to turn to social tagging or micro blogging systems. Very little of all this is confined to the privacy of our own computers; meanwhile, cloud computing [10] is ever more swiftly eroding the dimensions of this private space.

—

*Non esistono vie di fuga: tutto ciò
che è digitale è copiabile, e manipolabile
da parte di chiunque se ne impossessi.*

—

Deep Storage

"Gli effetti di internet sulla memoria sono ancora ampiamente inesplorati – ha detto la dottoressa Sparrow, aggiungendo che i suoi esperimenti l'hanno portata alla conclusione che internet è diventato la nostra memoria esterna primaria. La memoria umana – ha detto – si sta adattando alle nuove tecnologie di comunicazione."

— *Betsy Sparrow* [9]

La seconda rivelazione emersa nella fase gestazionale di Collect the WWWorld è frutto della preoccupante scoperta di aver quasi completato il processo di esternalizzazione della mia memoria. Ancora una volta, è un processo che coinvolge tutti. Sempre più spesso, i nostri ricordi personali vengono affidati agli obiettivi fotografici incorporati negli innumerevoli gadget da cui siamo circondati, e a cui chiediamo di ricordare per noi. Regaliamo alla rete le nostre emozioni e i nostri pensieri più effimeri. Quasi ogni tentativo di ricordare qualcosa si conclude con una ricerca su Google. La necessità di mettere ordine nel fluido magma dell'informazione che ci sommerge ogni giorno ci spinge ad affidarci a sistemi di *social tagging* e di *micro blogging*. Molto poco di tutto questo rimane nel privato dei nostri computer; e il *cloud computing* [10] sta erodendo sempre più velocemente le dimen-

Obviously, the process of externalizing memory got its start long before the digital age, with the advent of writing, and prior to that, art. Archives, libraries and museums came into being expressly for this reason: to preserve our collective externalized memory for future generations. However, the Internet does more than refine this process and make it more inclusive. Everything we put on the Web ceases to belong to us. Memories that until just recently could re-emerge only in our own dreams, or with the providential intervention of a *madeleine* or else the professional services of a psychoanalyst, may now confound the dreams of others and find themselves at the mercy of the whims of another memory: the search engine's, along with its censorial urges. The search engine is tantamount to our new super-ego, and its censorial urges. The sharing of data – that is, the fact that a memory of ours can be retrieved, manipulated, and used by others – is merely one side of the story, and the less problematic one. The other is that our personal and collective memory is regulated and controlled by the logics of the algorithm and the database, and thus becomes part of an enormous archive that is first and foremost a power system.

—

*The Internet does more than refine this process
and make it more inclusive. Everything we put
on the Web ceases to belong to us.*

—

sioni di questo spazio privato. Ovviamente, il processo di esternalizzazione della memoria è iniziato molto prima dell'era digitale, con l'avvento della scrittura e, ancor prima, dell'arte. Archivi, biblioteche e musei sono nati espressamente per questo: preservare e consegnare al futuro la nostra memoria collettiva esternalizzata. Tuttavia, internet non si limita ad affinare, e a rendere più inclusivo, questo processo. Tutto ciò che gli consegniamo non ci appartiene più. I ricordi che, fino a poco tempo fa, potevano riemergere solo nei nostri sogni, o solo grazie all'intervento provvidenziale di una madeleine o professionale di un analista, possono ora confondere i sogni altrui, ed essere soggetti ai capricci della memoria e delle censure di un motore di ricerca, nostro nuovo super ego. La condivisione, ossia il fatto che il nostro ricordo possa essere ripreso, manipolato e utilizzato da altri, è solo un aspetto, quello meno problematico, della faccenda; l'altro è che la nostra memoria, personale e collettiva, venga regolata e controllata dalle logiche dell'algoritmo e del database, diventando parte integrante di un enorme archivio che è, prima di tutto, un sistema di potere.

Archive Fever

As Jacques Derrida [12] and Allan Sekula, among others, have stressed, archives are in fact power systems: "They embody the power inherent in accumulation, collection and hoarding as well as the power inherent in the command of the lexicon and rules of language." [13]

In the large online databases, this truth is constantly brought home to us in the form of those blank grid structures that cage in our memories, in Google Images, on Flickr, on YouTube. They preserve those memories, but in an unnatural way, given that those who designed them carelessly confused memories with information. Moreover, those who manage the databases are granted enormous power, and not because they know everything about us, as the the privacy paranoid fear, or because they may do with the information what they wish, but because they prevent us from retrieving it in any other way than "I'm feeling lucky." It is they, and no longer we, who decide what we can forget and what we must remember.

———

Internet non si limita ad affinare, e a rendere
più inclusivo, questo processo.
Tutto ciò che gli consegniamo non ci appartiene più.

———

Archive Fever

"Mai come ora un'epoca è stata così informata su se stessa [...] Mai come ora un'epoca ha conosciuto così poco di se stessa."

— *Siegfried Kracauer* [11]

Come hanno ribadito, tra gli altri, Jacques Derrida [12] e Allan Sekula, gli archivi sono sistemi di potere: "incarnano il potere implicito nell'accumulo, nella raccolta e nella tesorizzazione, ma anche il potere implicito nelle regole lessicali e linguistiche" [13] Nei grandi database online, ce lo mostrano continuamente le algide strutture a griglia che ingabbiano le nostre memorie, in Google Images, su Flickr e su YouTube; preservano, ma in maniera innaturale, perché coloro che li hanno progettati hanno grossolanamente confuso i ricordi con l'informazione; conferiscono a chi li gestisce un potere enorme, non perché – come temono i paranoici della privacy – sanno tutto di noi; non perché dispongono dell'informazione, ma perché ci impediscono di recuperarla in maniera diversa dal "Mi sento fortunato"; perché sono loro, e non più noi, a decidere cosa possiamo dimenticare e cosa dobbiamo ricordare.
È a questo punto che emerge la straordinaria funzione sociale dei cosiddetti "pro-

At this point, the extraordinary social function of the so-called "professional sur-fers" comes into play. I refer to that vast community of people who collect, re-organize, vote, tag, remix, manipulate, and redistribute Internet content. It is their task to reintroduce the human element in the management of an externa-lized memory. Moreover, in the final analysis it is up to them to fight the power system that provides them with their life force, day in and day out; not to destroy that system, by any means, but to redirect it, discipline it, and make it less ma-thematical, and more aleatory. In a word, they need to adapt it to human me-mory, reversing the dynamic described by Dr. Sparrow.

—

The artists featured in this exhibition counter the database, under-stood as a structure of dehumanized power, with the collection, as a form of idiosyncratic, unsystematic, and human memory.

—

fessional surfer": di quella vasta comunità di persone che raccolgono, riorganiz-zano, votano, taggano, remixano, manipolano, redistribuiscono i contenuti di in-ternet. A loro spetta il compito di reintrodurre l'elemento umano nella gestione di una memoria esternalizzata; e, in ultima analisi, di combattere il sistema di po-tere da cui pur traggono la loro linfa quotidiana: non per distruggerlo, ma per reindirizzarlo, disciplinarlo, renderlo meno matematico e più aleatorio; adattarlo, in una dinamica inversa da quella descritta dalla Dottoressa Sparrow, alla memo-ria dell'uomo.

Atlas

With its seven million users, 4chan is probably the largest community dedicated to collecting and commenting on images on the Web. As such, 4chan has spawned many "Internet memes," cultural phenomena that go viral seemingly instantly. In the last few years, the cultural debate has focused above all on the anonymity of 4chan users; yet it is another factor that concerns me here: its astonishing ephemerality. Debates between users, in fact, are not stored. Each 4chan "channel" is allotted fifteen pages, and if a discussion reaches the fifteenth page without being relaunched, it is simply deleted. Given the rapidity with which the forum is utilized, this can happen in almost no time at all. According to a recent study, the average lifespan of a 4chan discussion is just four minutes. [15]

On the one hand, this ephemerality makes it impossible for the search engines to index 4chan pages; on the other, it ensures that the community may allow only the content that achieves the largest consensus to survive. When someone happens to find a discussion particularly interesting, he or she can relaunch it and put it back

—

Gli artisti di questa mostra oppongono al database come struttura di potere disumanizzata, la collezione come forma di memoria idiosincratica, asistematica e umana.

—

Atlas

Con i suoi sette milioni di utenti, 4chan è probabilmente la più grande comunità dedicata alla raccolta e al commento delle immagini in rete. Come tale, 4chan si colloca all'origine di molti "internet meme", fenomeni culturali andati incontro a una fulminea circolazione virale. Negli ultimi anni, il dibattito culturale si è concentrato soprattutto sull'anonimato dei suoi utenti, ma in questa sede mi interessa un altro fattore: la sua straordinaria volatilità. I dibattiti fra gli utenti, infatti, non vengono conservati. Ogni "canale" di 4chan ha a disposizione quindici pagine: se una discussione raggiunge la fine della quindicesima senza essere rilanciata, viene cancellata. Data la rapidità di utilizzo del forum, questo può avvenire in tempi molto rapidi. Secondo uno studio recente, la vita media di una discussione su 4chan è di soli quattro minuti. [15]

Questa volatilità impedisce, da un lato, ai motori di ricerca di indicizzare le pagine di 4chan; e consente, dall'altro, alla comunità di far sopravvivere solo i contenuti che raccolgono maggiore consenso. Se qualcuno ritiene interessante una discus-

on the front page. Indeed, the most memorable content is often saved by the users themselves on their own computers and shared on a dedicated website, 4chanarchive.org, which means it is the community – rather than an algorithm – that organizes and manages its own memory. Like Benjamin's book collector, 4chan users are convinced that the true freedom of their books is somewhere on their shelves. And like them, also the "professional surfers" [16], the "image aggregators" [17], and the artists featured in this exhibition counter the database, understood as a structure of dehumanized power, with the collection, as a form of idiosyncratic, unsystematic, and human memory. They collect what interests them, whatever they feel can and should be included in a meaning system. They describe, critique, and finally challenge the dynamics of the database, forcing it to evolve. They liberate content from the categories that bind it and reaggregate it in new forms, the same thing Aby Warburg did with images and books. They sound the depths; they don't settle for the surface. They navigate the Web in its diachronic dimension and retrieve much that gets lost. To all extents and purposes they are indeed collectors, and ownership is the most intimate relationship they can have with objects. This is ownership with a new meaning, however, rooted not in the uniqueness of an original but in its replicability; a response not to the natural perishability of objects but, paradoxically, the transience of all things digital.

———

Has the mass adoption of practices like appropriation and remixing, things practically any teenager can do at a click of a mouse, somehow discredited those practices?

———

sione, può rilanciarla, riportandola in prima pagina. I contenuti più memorabili vengono spesso salvati dagli utenti sui loro computer, e condivisi su un sito dedicato, 4chanarchive.org. In questo modo, è la comunità, non un algoritmo, a organizzare e gestire la memoria. Come il collezionista di libri di Benjamin, gli utenti di 4chan sono convinti che la vera libertà dei loro libri stia da qualche parte sui loro scaffali.

Come loro, i "professional surfer" [16], gli "aggregatori di immagini" [17] e gli artisti di questa mostra oppongono al database come struttura di potere disumanizzata la collezione come forma di memoria idiosincratica, asistematica e umana.

Raccolgono ciò che li interessa, che possono e vogliono inserire in un sistema di senso. Commentano, contestano e raccontano le dinamiche del database, e lo forzano a evolvere. Liberano i contenuti dalle categorie a cui sono vincolati, e li riaggregano in forme nuove, come faceva Aby Warburg con le immagini e con i libri. Scandagliano le profondità, non accontentandosi della superficie. Percorrono la rete nella sua dimensione diacronica, andando a recuperare vicende perdute. Sono, a tutti gli effetti, collezionisti, e la proprietà è la relazione più intima che possono intrattenere con gli oggetti. Ma si tratta di un senso di proprietà nuovo, che si radica non nella unicità dell'originale, ma nella sua replicabilità; e che risponde non alla naturale deperibilità degli oggetti, ma alla paradossale caducità del digitale.

An Archival Impulse

> With more and more media readily available through this unruly archive, the task becomes one of packaging, producing, reframing, and distributing; a mode of production analogous not to the creation of material goods, but to the production of social contexts, using existing material. What a time you chose to be born!
>
> — Seth Price [18]

In the history of art, the artist-cum-archivist-and-collector is hardly a novel figure. If we leave aside a number of important early examples – Marcel Duchamp's "portable museum," *Box in a Valise*, Kurt Schwitters and his *Merzbau*, Kazimir Malevich's didactic panels; or Hanna Höch's *Album* (1933), Aby Warburg's *Mnemosyne Atlas* (1925-1929), and Joseph Cornell's collections – it is in the 60s, above all, that the archival impulse, as Hal Foster calls it [19], explodes on the art scene. Since then, it has swept through the history of contemporary art like floodwaters that, instead of receding, find a renewed impetus at every new turn: from Pop Art to Conceptual Art, from the Appropriation Art of the 1980s to the aesthetics of post-production.
That this trend should coincide with the history of computers and the Internet and their progressive adoption by the consumer society is no accident, and it admits no exceptions, not even in its infancy. We can never stress enough the impor-

———

La diffusione di massa di pratiche come l'appropriazione e il remix, ormai coltivate da qualsiasi adolescente con un mouse in mano, ha forse finito per screditarle?

———

An Archival Impulse

> "Con sempre più linguaggi disponibili grazie a questo indocile archivio, il compito diventa quello di impacchettare, produrre, rimettere in cornice e distribuire; una forma di produzione analoga non alla produzione di beni materiali, ma di contesti sociali, e che usa materiali esistenti. In che razza di epoca avete scelto di nascere!"
>
> — *Seth Price* [18]

L'artista-come-archivista-e-collezionista non è una figura nuova nella storia dell'arte. Se escludiamo alcune importanti premesse – dal museo in valigia di Marcel Duchamp al *Merzbau* di Kurt Schwitters, dai pannelli didattici di Kazimir Malevic all'*Album* (1933) di Hanna Höch, dal *Mnemosyne Atlas* (1925 – 1929) di Aby Warburg alle collezioni di Joseph Cornell – è soprattutto negli anni Sessanta che l'impulso archivista, come lo chiama Hal Foster [19], esplode nell'arte. Da allora, ha percorso la storia dell'arte contemporanea come un fiume in piena che, lungi dall'esaurirsi, ha ritrovato nuova vitalità a ogni nuovo passo: dalla pop art all'arte concettuale, dall'appropriazionismo degli anni ottanta all'estetica della postproduzione. La sincronia di questo filone di ricerca con la storia dei computer, di internet e del loro progressivo affacciarsi sulla società dei consumi non è affatto casuale, e non conosce eccezioni, nemmeno ai suoi esordi. Non si insisterà mai abbastanza sulle relazioni che l'arte concettuale e la pop art intrattengono con gli

tance of the ties between Conceptual Art and Pop Art and the dawn of cybernetics and information theory, along with the advent of the early computers, even if mainstream art criticism has resisted this kind of interpretation again and again. And it hardly matters that mass culture had not yet appropriated any of the above: neither Andy Warhol's *Time Capsules* nor Gerhard Richter's *Atlas* could ever have come into being before the age of electronic calculators. Then as now, it is a matter of investigating the underlying structure of the information society, and tracking and attempting to shape its developments.

Does this historical continuity mean, however, that the artists included in this exhibition are nothing other than second-rate imitators of a trend as old as contemporary art itself, one that is running out of steam? Has the mass adoption of practices like appropriation and remixing, things practically any teenager can do at a click of a mouse, somehow discredited those practices, stealing them from the avant-garde that cultivated them in the first place, going back, say, to the days of Richard Prince? Far from it. The artists featured in this exhibition live in the present, at the dawn of a new age that is light years away from the Prince-Cariou case [20] which has been under constant media glare over the past year. The first glimmers of that new age are completely redrawing the relationships between the avant-garde and mass culture and between professionalism and amateurism. And the extraordinary thing is that, in the main, it is on artists like these that the future evolution of the present scene depends.

esordi della cibernetica e della teoria dell'informazione, e con l'avvento dei primi computer, anche se la critica d'arte ha opposto più volte resistenza a questa linea interpretativa. Poco importa che non fossero ancora entrati nell'uso: le *Time Capsules* di Andy Warhol e l'*Atlas* di Gerhard Richter non sarebbero mai stati possibili prima dell'era dei calcolatori elettronici. Allora come ora, si tratta di indagare la struttura portante della società dell'informazione, di seguirne e condizionarne gli sviluppi.

Questa continuità storica significa forse che gli artisti inclusi in questa mostra siano soltanto gli epigoni di una linea di ricerca vecchia come l'arte contemporanea, e ormai sul punto di esaurirsi? La diffusione di massa di pratiche come l'appropriazione e il remix, ormai coltivate da qualsiasi adolescente con un mouse in mano, ha forse finito per screditarle, sottraendole all'avanguardia che le ha coltivate, diciamo, fino all'epoca di Richard Prince? Tutt'altro. Gli artisti di questa mostra vivono nel presente, ossia all'alba di un'epoca che si colloca ad anni luce di distanza dalla causa Prince – Cariou [20], che pur ha tormentato le cronache mondane dell'ultimo anno; all'alba di un'epoca che sta completamente ridisegnando i rapporti tra avanguardia e cultura di massa, professionismo e amatorialità. E la cosa straordinaria è che, come tutto ciò evolverà, dipende principalmente da loro.

FOOTNOTES

[1] This is the title of a 2010 video by Evan Roth. Like this one, the titles of the sections that follow are also taken from works and texts that played a central role in the planning stage for this exhibition.

[2] **Matthias Winzen**, "Collecting – so normal, so paradoxical", in Ingrid Schaffner, Matthias Winzen, *Deep Storage. Collecting, Storing and Archiving in Art*, exhibition catalogue, Prestel Verlag, Munich – New York 1998.

[3] **Hito Steyerl**, "In Defense of the Poor Image", in *e-flux journal*, # 10, November 2009. Available online at www.e-flux.com/journal/view/94.

[4] **Boris Groys**, "From Image to Image File – and Back: Art in the Age of Digitalization", in *Art Power*, MIT Press, Cambridge, Massachusetts 2008, pp. 83 – 91.

[5] **Domenico Quaranta**, "The Real Thing / Interview with Oliver Laric", in *Artpulse*, Vol. 2 No. 1, Fall 2010.

[6] **Seth Price**, *Redistribution*, 2007 – ongoing.

[7] Guthrie's statement is often used by the writer Cory Doctorow as the preamble to the e-book versions of many of his books and novels published under a Creative Commons license and available online for free. Cf. http://craphound.com / .

[8] The expression was used by Stewart Brand for the first time at the first Hackers' Conference in 1984. CF. http://en.wikipedia.org/wiki/Information_wants_to_be_free.

[9] **Patricia Cohen**, "Internet Use Affects Memory, Study Finds", in *The New York Times*, July 14, 2011.

[10] "Cloud computing is a model for enabling ubiquitous, convenient, on-demand network access to a shared pool of configurable computing resources (e.g., networks, servers, storage, applications, and services) that can be rapidly provisioned and released with minimal management effort or service provider interaction." Da Wikipedia, http://en.wikipedia.org/wiki/Cloud_computing.

[11] **Siegfried Kracauer**, "Photography", in *The Mass Ornament*, Cambridge, Massachusetts, Harvard University Press, 1998, p. 58.

[12] **Jacques Derrida**, "Archive Fever. A Freudian Impression", in *Diacritics*, Vol. 25, No. 2, Summer 1995, pp. 9 – 63

[13] **Allan Sekula**, "Reading an Archive: Photography Between Labour and Capital", 1983. In Brian Wallis (ed.), *Blasted Allegories. An Anthology of Writings by Contemporary Artists*, Cambridge, Massachusetts, MIT Press 1987, pp. 114 - 128.

[14] **Walter Benjamin**: "Unpacking my Library: A Talk about Book Collecting", in *Illuminations*, Fontana, London 1982, pp. 59-67.

NOTE

[1] È il titolo di un video del 2010 di Evan Roth. Come questo, anche i titoli di paragrafo successivi sono rubati a opere e testi che hanno avuto un ruolo importante nella gestazione di questa mostra.

[2] **Matthias Winzen**, "Collecting – so normal, so paradoxical", in Ingrid Schaffner, Matthias Winzen, *Deep Storage. Collecting, Storing and Archiving in Art*, catalogo della mostra, Prestel Verlag, Munich – New York 1998.

[3] **Hito Steyerl**, "In Defense of the Poor Image", in *e-flux journal*, # 10, November 2009. Disponibile online all'URL http://www.e-flux.com/journal/view/94.

[4] **Boris Groys**, "From Image to Image File – and Back: Art in the Age of Digitalization", in *Art Power*, MIT Press, Cambridge, Massachusetts 2008, pp. 83 – 91.

[5] **Domenico Quaranta**, "The Real Thing / Interview with Oliver Laric", in *Artpulse*, Vol. 2 No. 1, Fall 2010.

[6] **Seth Price**, *Redistribution*, 2007 – in corso.

[7] La frase di **Guthrie** viene spesso usata dallo scrittore Cory Doctorow come preambolo alla versione e-book di molti suoi libri e romanzi pubblicati sotto licenza Creative Commons e liberamente disponibili in rete. Cf. http://craphound.com/.

[8] La frase fu pronunciata per la prima volta da **Stewart Brand** alla prima Hackers' Conference, nel 1984. CF. http://en.wikipedia.org/wiki/Information_wants_to_be_free.

[9] **Patricia Cohen**, "Internet Use Affects Memory, Study Finds", in *The New York Times*, July 14, 2011.

[10] "In informatica con il termine inglese di cloud computing si indicano un insieme di tecnologie che permettono sia di memorizzare/archiviare dati che di elaborarli (con CPU o software) tramite l'utilizzo di risorse distribuite e virtualizzate in rete. La creazione di una copia di sicurezza (backup) è automatica e l'operatività si trasferisce tutta online." Da Wikipedia, http://it.wikipedia.org/wiki/Cloud_computing.

[11] **Siegfried Kracauer**, "Photography", in *The Mass Ornament*, Cambridge, Massachusetts, Harvard University Press, 1998, p. 58.

[12] **Jacques Derrida**, "Archive Fever. A Freudian Impression", in *Diacritics*, Vol. 25, No. 2, Summer 1995, pp. 9 – 63

[13] **Allan Sekula**, "Reading an Archive: Photography Between Labour and Capital", 1983. In Brian Wallis (a cura di), *Blasted Allegories. An Anthology of Writings by Contemporary Artists*, Cambridge, Massachusetts, MIT Press 1987, pp. 114 – 128.

Domenico Quaranta

Collect the WWWorld. The Artist as Archivist in the Internet Age **21**

[15] **Michael S. Bernstein, Andrés Monroy-Hernández, Drew Harry, Paul André, Katrina Panovich and Greg Vargas**, "4chan and /b/: An Analysis of Anonymity and Ephemerality in a Large Online Community", 2011. Available online at http://people.csail.mit.edu/msbernst/papers/4chan-icwsm2011.pdf.

[16] Cf. **Marisa Olson**, "Lost Not Found: The Circulation of Images in Digital Visual Culture", in *Words Without Pictures*, September 18, 2008, pp. 274 – 284.

[17] Cf. **Gerald R. Nelson**, *DDDDoomed – Or, Collectors & Curators of the Image: A Brief Future History of the Image Aggregator*, Edition MK, 2010.

[18] **Seth Price**, *Dispersion*, 2002 – ongoing. Available online at www.distributedhistory.com/Dispersion08.pdf.

[19] **Hal Foster**, "An Archival Impulse", in *October*, Issue 110, Fall 2004, pp. 3 – 22.

[20] In December 2008, the French photographer Patrick Cariou filed suit against Richard Prince, his gallery (Larry Gagosian) and his publisher (Rizzoli Books) for using 41 photographs from his book *Yes, Rasta* (2000) without his consent. In March 2011, a U.S. judge ordered Prince to destroy all traces of each of his works deriving from Cariou's images, finding there to be "vanishingly little, if any, transformative element".

[14] **Walter Benjamin**: "Unpacking my Library: A Talk about Book Collecting", in *Illuminations*, Fontana, London 1982, pp. 59-67.

[15] **Michael S. Bernstein, Andrés Monroy-Hernández, Drew Harry, Paul André, Katrina Panovich and Greg Vargas**, "4chan and /b/: An Analysis of Anonymity and Ephemerality in a Large Online Community", 2011. Disponibile online all'URL http://people.csail.mit.edu/msbernst/papers/4chan-icwsm2011.pdf.

[16] Cf. **Marisa Olson**, "Lost Not Found: The Circulation of Images in Digital Visual Culture", in *Words Without Pictures*, September 18, 2008, pp. 274 – 284.

[17] Cf. **Gerald R. Nelson**, *DDDDoomed – Or, Collectors & Curators of the Image: A Brief Future History of the Image Aggregator*, Edition MK, 2010.

[18] **Seth Price**, *Dispersion*, 2002 – ongoing. in corso. Disponibile online all'URL www.distributedhistory.com/Dispersion08.pdf.

[19] **Hal Foster**, "An Archival Impulse", in *October*, Issue 110, Fall 2004, pp. 3 – 22.

[20] Nel dicembre 2008, il fotografo francese **Patrick Cariou** ha denunciato **Richard Prince**, la sua galleria (Larry Gagosian) e il suo editore (Rizzoli Books) per aver utilizzato senza il suo consenso 41 fotografie dal suo libro Yes, Rasta (2000). Nel marzo 2011, un giudice americano ha condannato Prince a distruggere qualsiasi traccia di ogni lavoro derivato dalle immagini di Cariou, non riconoscendone la natura trasformativa.

22 Domenico Quaranta

Collect the WWWorld. The Artist as Archivist in the Internet Age

BIBLIOGRAPHY

ARDEN Roy, *Hans Peter Feldmann*, Contemporary Art Gallery, Vancouver 2006. Exhibition brochure, available online at www.royarden.com/media/ardentexts/arden_feldmann.pdf

BACON Julie (ed.), *Arkive City*, Interface, University of Ulster, Belfast 2008.

BENJAMIN Walter, *The Work of Art in the Age of Mechanical Reproduction*, 1936 (*L'opera d'arte nell'epoca della sua riproducibilità tecnica*, Einaudi, Torino 2000.

BENJAMIN Walter, "Unpacking my Library: A Talk about Book Collecting", in *Illuminations*, Fontana, London 1982, pp. 59-67.

BERGER John, *Ways of Seeing*, Penguin Books, London 1972 (*Questione di sguardi*, Il Saggiatore, Milano 2009).

BOSMA Josephine, *Nettitudes. Let's Talk Net Art*, Institute of Network Cultures / NAi Publishers, Rotterdam 2011.

BOULLET Victor / The Institute of Social Hypocrisy (ed.), *The Sound of Downloading Makes Me Want to Upload*, Frenetic Happiness, Paris 2010.

BOURRIAUD Nicolas, *Post Production. La culture comme scénario: comment l'art reprogramme le monde contemporain*, 2002 (*Postproduction. Come l'arte riprogramma il mondo*, Postmedia, Milano 2004).

BOURRIAUD Nicolas, *The Radicant*, Lukas & Sternberg, New York 2009.

BUCHLOH Benjamin H. D., "Gerhard Richter's "Atlas": The Anomic Archive", in *October*, Vol. 88. (Spring, 1999), pp. 117-145.

CAMPANELLI Vito, *Web Aesthetics. How Digital Media Affect Culture and Society*, Institute of Network Cultures / NAi Publishers, Rotterdam 2010.

CAMPANY David (ed.), *Art and Photography*, Phaidon Press, London 2003.

CORNELL Lauren, *Free*, exhibition catalogue, The New Museum, New York 2010. Online at http://www.newmuseum.org/free/.

DE CERTEAU Michel, *The Practice of Everyday Life*, University of California Press, Berkeley 1984.

DERRIDA Jacques, "Archive Fever. A Freudian Impression", in *Diacritics*, Vol. 25, No. 2, Summer 1995, pp. 9 – 63.

ENWEZOR Okwui (ed.), *Archive Fever: Uses of the Document in Contemporary Art*, exhibition catalogue, ICP/Steidl, New york 2008.

FOSTER Hal, "Archivi d'arte moderna", in *Design and Crime*, Verso, London 2002 (Postmedia, Milano 2003).

FOSTER Hal, "An Archival Impulse", in *October*, Issue 110, Fall 2004, pp. 3 – 22.

FRIEDEL Helmut (ed.), *Gerhard Richter - Atlas*, Verlag der Buchhandlung Walter König, Köln & D.A.P., New York 2006.

GROYS Boris, *Art Power*, MIT Press, Cambridge, Massachusetts 2008.

HALTER Ed, "After the Amateur. Notes", in *Rhizome*, April 29, 2009, available online at http://rhizome.org/editorial/2009/apr/29/after-the-amateur-notes/.

KEEN Andrew, *The Cult of the Amateur. How Today's Internet is Killing our Culture*, Doubleday / Currency, New York 2007.

LELOUP Jean-Yves, *Digital Magma*, Lukas & Sternberg, New York 2010.

LESSIG Lawrence, *Free Culture*, The Penguin Press, New York 2004 (*Cultura libera*, Apogeo, Milano 2005).

LEVI STRAUSS David, *Between the Eyes. Essays on Photography and Politics*, Aperture Foundation, New York 2003 (*Politica della fotografia*, Postmedia, Milano 2007).

LIALINA Olia, ESPENSHIED Dragan, *Digital Folklore*, Merz & Solitude, Stuttgart 2009.

LOVINK Geert, NIEDERER Sabine (eds.), *Video Vortex Reader. Responses to YouTube*, Institute of Network Cultures, Amsterdam 2008.

LOVINK Geert, SOMERS MILES Rachel (eds.), *Video Vortex Reader II. Moving Images Beyond YouTube*, Institute of Network Cultures, Amsterdam 2011.

MAYER-SCHÖNBERGER Viktor, *delete. The Virtue of Forgetting in the Digital Age*, Princeton University Press, Princeton and Oxford 2009.

MCHUGH Gene, *Post Internet*, LINK Editions, Brescia 2011.

MEREWETHER Charles (ed.), *The Archive*, Whitechapel, London and The MIT Press, Cambridge, Massachusetts 2006.

MILLER Paul D. (ed.), *Sound Unbound. Sampling Digital Music and Culture*, The MIT Press, Cambridge, Massachusetts 2008.

NELSON Gerald R., *DDDDoomed – Or, Collectors & Curators of the Image: A Brief Future History of the Image Aggregator*, Edition MK, 2010.

NOVITSKOVA Katja, *Post Internet Survival Guide 2010*, Revolver Publishing, Berlin 2011.

OBRIST Hans Ulrich, *...dontstopdontstopdontstopdontstop*, Sternberg, New York 2006 (Postmedia, Milano 2010).

OLSON, Marisa, "Lost Not Found: The Circulation of Images in Digital Visual Culture", in *Words Without Pictures*, September 18, 2008, pp. 274 – 284.

PALFREY John, GASSER Urs, *Born digital. Understanding the first generation of digital natives*, Basic Books, New York 2008.

PRICE Seth, *Dispersion*, 2002 – ongoing. Available online at http://www.distributedhistory.com/Dispersion08.pdf.

REYNOLDS Simon, *Retromania. Pop Culture's Addiction to Its Own Past*, Faber and Faber, New York 2011.

SCHAFFNER Ingrid, WINZEN Matthias, *Deep Storage. Collecting, Storing and Archiving in Art*, exhibition catalogue, Prestel Verlag, Munich – New York 1998.

SEKULA Allan, "Reading an Archive: Photography Between Labour and Capital", 1983. In Brian Wallis (ed.), *Blasted Allegories. An Anthology of Writings by Contemporary Artists*, Cambridge, Massachusetts, MIT Press 1987, pp. 114 – 128.

SONTAG Susan, *On Photography*, Farrar, Straus and Giroux, New York 1973 (*Sulla fotografia. Realtà e immagine nella nostra società*, Einaudi, Torino 1978).

STEYERL Hito, "In Defense of the Poor Image", in *e-flux journal*, # 10, November 2009. Disponible online at URL http://www.e-flux.com/journal/view/94.

TROEMEL Brad, "New Productive Systems", in *fourninetyone*, March 9, 2011, available online at http://fourninetyone.com/2011/03/09/new-productive-systems-2/.

VON BISMARCK Beatrice, FELDMANN Hans Peter, OBRIST Hans Ulrich (eds.), *Interarchive. Archival Practices and Sites in the Contemporary Art Field*, Verlag der Buchhandlung Walther Konig, Lüneburg-Köln 2002.

JOSEPHINE BOSMA
COPYCATS AND

DIGITAL NATIVES

Hunters and gatherers are we. The digital age has returned us to a rather basic form of humanity. I leave it up to you to say whether ours is an improved version of this basic human state, or not. Any which way, living with networks of universal machines provokes a re-assessment of the human condition, and all it has produced. Social and political hierarchies that were constructed over centuries are undermined or circumvented. Territories are reshaped and re-conquered. Economical networks are realigned with shifting markets and drifting influential spheres. The world is a different place, but a familiar one at the same time. We may recognize it from our collective instinctive memory, of pre-civilization times. The wilderness has returned. It is back in the shape of a rampantly growing information society, and the heaps of technological debris our economy thrives on. In the visionary words of Marshall McLuhan: "We have evoked a super-civilized sub primitive man." [1]

Forget the term "new media". It is too glossy. It is a remnant of the golden age of innovation, of modernity, of shiny newness and the need to buy into it. Modern is retro. It is the new classical age. The ruins of the modern era, left by the takeover of new philosophies and art movements in the sixties, are now overgrown and buried by the wilds of the Web.

Any exponential growth also produces lots of "byproduct". What has evolved at

—

The digital age has returned us
to a rather basic form of humanity.

—

Siamo cacciatori e raccoglitori. L'era digitale ci ha riportati a una forma elementare di umanità. Lascio a voi dire se si tratti di una versione migliorata di questo stato basilare, oppure no. In ogni caso, vivere in una rete di macchine universali provoca un riassestamento della condizione umana, e di tutto ciò che ha prodotto. Le gerarchie politiche e sociali messe a punto nel corso di secoli vengono aggirate e messe in discussione. Si ridefiniscono i confini e la proprietà degli spazi. I sistemi economici si adattano alla natura fluida e mobile dei mercati e delle sfere di influenza. Il mondo è un posto diverso, ma ancora familiare. Lo possiamo riconoscere sulla base di una memoria collettiva ancestrale, che precede la civiltà. La foresta è tornata. È tornata nella forma di una società dell'informazione che cresce in maniera selvaggia, e degli ammassi di detriti tecnologici su cui fiorisce la nostra economia. Nelle parole visionarie di Marshall McLuhan: "Abbiamo evocato un uomo super-civilizzato, ultra-primitivo". [1]

Dimenticate l'espressione "new media". Troppo patinata. È un residuo dell'età dell'oro dell'innovazione, della modernità, del nuovo che affascina e della necessità di investirci. Il moderno è retrò. È una nuova classicità. Le rovine dell'età moderna, lasciate dall'avvento di nuove filosofie e movimenti artistici negli anni Sessanta, giacciono ora sepolte sotto la vegetazione selvaggia del web.

Ogni crescita esponenziale genera decine di "sottoprodotti". Ciò che si è sviluppato

the basis of our contemporary public sphere is a fertile and fuming mulch of decaying economies, readily handled by all kinds of busy thrift management. This mulch, onto which new products are placed to disintegrate within a few seasons at most, is an erratic, uneven mess. It is rich in both trash and raw material, and equally full of threat and potential. In this context art is returned to some of its original states. It is no longer separate from other economies. It no longer just speaks to and of itself. It no longer acts only within itself. As it is generated and regenerated in and through the network art starts to reflect and change the world it is part of. It has no choice. It is part of The Process in which every cultural artifact is turned to mulch. There is hardly an ideological agenda when a work of art changes anything here. Ideology is a twentieth century concept. It is no more than an aesthetic that informs a curator's pickings, trickling down again as it reproduces and multiplies, as soon as it is released into the mesh of media networks. "A network culture is more like a permanent battlefield than a neo-socialist utopia." [2] The noise and overgrowth flooding the cultural landscape has swept the artists from their studios, and the art from the museums. All seem absorbed by the foggy cultures of the information economy. And while the incurably rigid and heavily rooted have hardly moved an inch, their images and documentation almost always escape to become part of The Greater Cloud as well. In this environment,

—

L'era digitale ci ha riportati
a una forma elementare di umanità.

—

alle radici della sfera pubblica contemporanea è un fertile, fumante humus di economie decadute, prontamente riutilizzato dalle più varie espressioni di un'economia di sussistenza. Questo humus, su cui nuovi prodotti crescono e muoiono nel giro di poche stagioni, è un disordine mutevole e frammentario. Pullula di rifiuti e di materie prime, di pericoli e di potenziale. In questo contesto, l'arte torna ad alcune delle sue manifestazioni originarie. Non è più separata da altre economie. Non parla più solo a se stessa, e di se stessa. Non opera più solo dentro a se stessa. Generata e rigenerata dentro e attraverso la rete, l'arte inizia a riflettere e a cambiare il mondo di cui fa parte. Non ha scelta. È parte del Processo in cui ogni artefatto culturale viene convertito in humus. Quando un'opera d'arte cambia qualcosa in questo contesto, raramente accade sulla base di un'agenda ideologica. L'ideologia è un concetto del ventesimo secolo. Non è più altro che l'estetica che informa le scelte di un curatore, e che si ripropone in pillole riprodotta e moltiplicata nella fitta trama delle reti di informazioni. "Una cultura di rete è più simile a un campo di battaglia permanente che a una utopia neo-socialista." [2] La confusione e l'ipertrofia che allagano l'orizzonte culturale hanno spinto gli artisti fuori dai loro studi, e l'arte fuori dai musei. Ogni cosa sembra immersa nelle nebbiose culture dell'economia dell'informazione. E se tutto ciò che è ben radicato e inesorabilmente resistente ai cambiamenti non si è mosso di un dito, le sue im-

modern concepts that survived the sixties (authorship, original, copy and innovation) fall flat. They still exist, but only in a deeply contaminated state. This contamination is produced by a full integration of memory into cultural production. The artist both produces and reproduces, while not paying much attention to forced technicalities like copyright. In the light of the abundance and endless repetition of media images and other media objects (documents, music and software), copyright appears as a fallacy. Art is made within the cycles and flows of different overlapping and parallel histories, which spill into each other in the shape of neo-styles, reproductions, quotations and remixes. This is the living archive in its raw, unmoderated form. It is a 21st century version of ancient cultures and traditions.

But there is more that draws out a comparison with ancient times and the survival strategies of the hunter-gatherer. Modernity was also the rise of the bourgeois and the era of the home as his castle. As digital networks have invaded the private sphere, the wilderness, which had been quite effectively blocked and carefully contained by the bourgeois, has re-entered the home. Where once the citizen came home to relax in almost perfect isolation from the world, leisure time and recreation now take place within the reach of the network.

The citizen (now a netizen) is never disconnected, and leisure time and work time

—

The Internet is the homeland
of copycats and digital natives.
The Real World is the wasteland to reclaim.

—

magini e la sua documentazione l'hanno abbandonato per entrare a far parte, anche loro, della Grande Nuvola. In questo contesto, i concetti moderni che sono sopravvissuti agli anni Sessanta (autorialità, originale, copia e innovazione) collassano. Esistono ancora, ma solo in una forma fortemente contaminata. Questa contaminazione è prodotta da una piena integrazione della memoria nella produzione culturale. L'artista produce e riproduce, senza riservare molta attenzione a forzati tecnicismi come il copyright. Alla luce dell'abbondanza e dell'infinita ripetizione di immagini e altri oggetti mediali (documenti, musica e software), il copyright suona come una superstizione. L'arte si realizza nel ciclico fluire di diverse storie, che si intersecano e corrono parallele, e che si immettono l'una nell'altra nella forma di nuovi ismi, riproduzioni, citazioni e remix. Questo è l'archivio vivente nella sua forma grezza, non moderata. È la versione delle antiche culture e tradizioni proposta dal ventunesimo secolo.

Ma c'è altro che invita a un paragone con i tempi antichi e le strategie di sopravvivenza del cacciatore e raccoglitore. La modernità è stata anche l'età dell'emergere della borghesia e della casa come sua reggia. Quando le reti digitali hanno invaso la sfera privata, la foresta – che la borghesia aveva fatto ogni sforzo per contenere, piuttosto efficacemente – è rientrata nelle case. Se, un tempo, il cittadino tornava a casa per rilassarsi in un isolamento quasi perfetto dal mondo, oggi lo spazio che si dedica

have become almost indistinguishable. They start to overlap. This in-between time, while a contemporary purgatory for homeworkers, is where artist and audience meet and merge.

In the cross-cultural spaces of the Internet identities and roles (of artists, institutions, and audiences) have started to shift. It has made home life more like work, and work more informal. In this informal setting the rules of engagement are transformed, and the almost casual approach of the bureaucracies of society 2.0 emerges. *Almost* casual, since, in a desperate attempt to prevent anyone from adapting to the encroaching wilderness, existing laws and regulations are continuously re-enforced to hold it back. Brian Holmes, paraphrasing Deleuze and Guattari, describes this as the "quasi magical powers of ancient emperors [that] continually return under new modalities."[3] Common practices like sharing are criminalized. The public sphere is thoroughly reduced and monitored. Contemporary networkers are both the hunted and the hunters. They are facing "enemies" from two sides. They have to survive in the unpredictable digital wilderness and circumvent the old, pre-digital bureaucracies in ways that are undetected or tolerated. Like ancient hunter-gatherers, they survive on instinctive behaviour and primal social bonds. The Internet is the homeland of copycats and digital natives. The Real World is the wasteland to reclaim.

—

Internet è la patria dei falsari e dei nativi digitali.
Il Mondo Reale è la terra desolata da riconquistare.

—

a se stessi si trova alla portata della rete. Il "citizen" (ormai un "netizen") non è mai disconnesso; tempo libero e tempo di lavoro sono ormai inseparabili. Si sovrappongono. Questo tempo di mezzo, un purgatorio contemporaneo per chiunque lavori da casa, è il luogo in cui gli artisti incontrano e si mescolano al loro pubblico.

Negli spazi inter-culturali di internet, identità e ruoli (di artisti, istituzioni e pubblico) hanno iniziato a spostarsi. Questo ha reso la vita domestica più simile al lavoro, e il lavoro più informale. In questa situazione informale, le regole del coinvolgimento si trasformano, ed emerge l'approccio quasi casuale della burocrazia di una società 2.0.

Quasi causale, perché, nello sforzo disperato di impedire a chiunque di adattarsi alla foresta che avanza, le leggi e le regole esistenti sono continuamente rafforzate per respingerla indietro. Parafrasando Deleuze e Guattari, Brian Holmes descrive tutto ciò come "il potere quasi magico degli antichi imperatori [che] ritorna continuamente in forme nuove". Pratiche diffuse come la condivisione sono criminalizzate. La sfera pubblica è sempre più ridotta e monitorata. I *networker* contemporanei sono insieme la preda e il cacciatore. Affrontano i loro "nemici" su due fronti: da un lato, devono sopravvivere alle sorprese della foresta digitale; dall'altro, devono aggirare le vecchie burocrazie pre-digitali senza essere scoperti, o in forme tollerabili. Come i cacciatori-raccoglitori di un tempo, sopravvivono grazie all'istinto e ai legami sociali primari. Internet è la patria dei falsari e dei nativi digitali. Il Mondo Reale è la terra desolata da riconquistare.

Pro-surfer = profateur = scavenger

There is hardly an appropriate language to describe the reality of life in the growing digital sphere. One of the first problems we face when discussing art in this context is the dissolving border between professional and amateur art practices. The Internet itself was built by what used to be called "amateurs". There simply were no computer network specialists in the sixties, seventies, eighties and even the nineties, who knew everything needed to build the Internet as we know it today. Everything was built and developed from scratch by people who learnt and developed new skills and tools as they went along. Art practices online have had, and still have, a similar history. In art, institutional developments and education follow the various evolving practices in the field, instead of the other way around. Even with the present day (relatively young) professionalization of the digital art field, it remains hard to make a straightforward separation between professional and amateur.

There are two important reasons for the ineradicable merging of professionalism and amateur experimentation. First of all the technology and the number of people using it continues to develop too fast for art institutions and academies to keep up with. The latter mostly lag behind in terms of technological skill and their

---

One of the first problems we face
is the dissolving border between professional
and amateur art practices.

Pro-surfer = profateur = accattone

Non è facile trovare un linguaggio appropriato per descrivere la realtà della vita in una sfera sempre più digitale. Uno dei primi problemi che dobbiamo affrontare nel discutere l'arte in questo contesto è la dissoluzione del confine tra pratiche artistiche professionali e amatoriali. Internet stesso è stato costruito da quelli che si era soliti chiamare "amatori". Semplicemente, non c'erano specialisti di reti informatiche negli anni Sessanta, Settanta, Ottanta e persino negli anni Novanta: professionisti che sapessero tutto ciò che era necessario sapere per sviluppare internet così come lo conosciamo oggi. Tutto è stato costruito e sviluppato raccattando pezzi qua e là, da gente che imparava e sviluppava nuove competenze e strumenti lavorando. Le pratiche artistiche in rete hanno avuto, e hanno tuttora, una storia simile. Gli sviluppi istituzionali e le strategie educative seguono, non precedono, l'evoluzione delle pratiche artistiche. Anche oggi, con la crescente (ma relativamente recente) professionalizzazione del settore delle arti digitali, rimane difficile introdurre una separazione netta tra professionisti e amatori.

Questo sovrapporsi inestricabile di professionalità e sperimentazione amatoriale ha due radici fondamentali. Innanzi tutto, la tecnologia e il numero di persone che la usano crescono troppo rapidamente perché le istituzioni e le accademie

understanding of the cultural impact of different technologies. The other reason, one that is easily overlooked and that is connected to technology's cultural impact, is the influence of social networks and online communities on the education and artistic development of their individual members. The contemporary networker easily profits from the wealth of information online, the exploration of which is not just the retrieval of "dead" information. The knowledge and practices of all artists in this context (so not just "traditional" media artists) also expand on all levels through a "living" education, via their peers, thanks to the sharing of knowledge and tools, or work processes open to participation and collaboration. This, for instance, is the case with what Marisa Olson describes as the "pro-surfer" community, the shared blog in which artists of all kinds and levels share their thoughts, findings and latest works with each other and the world. [4]

This is not the clean-cut, balanced, level education that schools and academies try to offer. It is a rogue education, partly self-taught, partly peer-to-peer. To understand it we could replace the metaphor of netizens living in a wilderness to with the idea of them being raised in the street. The "street-wise" artist who gets his or her education in digital networks, and whose practice is shaped by "real-time" engagement in existing processes and communications, receives all knowledge and skill unfiltered by institutional processes. This does not mean there are no

———

Uno dei primi problemi che dobbiamo affrontare
è la dissoluzione del confine tra
pratiche artistiche professionali e amatoriali.

———

possano tenerne il passo. Per lo più, queste ultime restano indietro in termini di competenza tecnologica e di comprensione dell'impatto culturale delle diverse tecnologie. La seconda ragione, spesso sottovalutata, si lega all'impatto culturale della tecnologia, e riguarda l'influenza delle reti sociali e delle comunità in rete sull'educazione e la crescita artistica dei loro singoli membri. Il *networker* contemporaneo trae facilmente vantaggio dalla quantità di informazione disponibile online, da cui non recupera soltanto informazioni "morte". In questo contesto, la conoscenza e le pratiche di tutti gli artisti (non solo dei "tradizionali" *media artist*) si espande a tutti i livelli anche grazie a un'educazione "viva", che passa attraverso i loro pari, grazie alla condivisione di conoscenze e strumenti o a modalità di lavoro aperte alla collaborazione e alla partecipazione. È il caso, ad esempio, di quella che Marisa Olson descrive come la comunità "pro surfer", che opera attraverso blog collettivi in cui artisti di ogni tipo e livello condividono i propri pensieri, scoperte e lavori recenti con gli altri membri della comunità, e con il mondo. [4]

Non è, questa, l'educazione solida, bilanciata e di qualità che le scuole e le accademie cercano di offrire. È un'educazione rozza, un po' autodidatta, un po' *peer-to-peer*. Per capirla, potremmo sostituire la metafora della foresta con quella della strada. Cresciuto ed educato sulla "strada" delle reti digitali, l'artista vede le sue pratiche prendere forma dal proprio coinvolgimento in tempo reale in processi di

more boundaries. What ensues is not an education or preparation for pure chaos and anarchy, but the development of an individual style and artistic approach within the dense existing networks of communities and their histories.

The different rules that apply here can of course be ignored at any time. Still, there is a sense of responsibility (to both online and offline communities, which mix) and a historical awareness (to the development of the Net within a larger media landscape), however vague these will always be for "newbies" (those with little experience online). There are no authorities, but there is a form of social control. Some find this easier to deal with than others. Many new netizens panic at the sight of the wilderness, and stay on familiar paths. The artists in Collect the WWWorld, however, are both die-hard networkers and poetic non-conformists.

The raw education of the artist online does not make him or her a loose canon or cultural nincompoop (yes, some are, and in this sense they are much like their academically schooled counterpart). The sharing and copying of media objects may be a standard, quite essential part of life in the wilderness, but there are still ways in which these practices can be refined and repurposed.

This is where present day artists continue and actualize the work and ideas of radical art movements from the sixties and seventies. Instead of projecting an idea onto a system of operations and calling this art (as in systems art or conceptual

—

The Internet, as plain "archive of the real",
is searched and explored
by professional surfers.

—

comunicazione esistenti, e sviluppa abilità e conoscenze senza il filtro dei processi istituzionali. Ciò non significa che non ci siano più vincoli. Non si tratta di prepararsi al puro caos e all'anarchia, ma di sviluppare uno stile individuale e un approccio artistico all'interno delle fitte reti di comunità esistenti, e delle loro storie. Le varie regole qui applicate possono ovviamente essere ignorate in ogni circostanza. Tuttavia, c'è un senso di responsabilità (verso le comunità online e offline, che si mescolano) e una consapevolezza storica (degli sviluppi della rete in un più ampio orizzonte mediatico), per quanto vaghi possano essere per i "newbie" (coloro con poca esperienza della rete). Non ci sono autorità, ma c'è una forma di controllo sociale. Per alcuni, farci i conti è più facile che per altri. Molti nuovi *netizen* si spaventano alla vista della foresta, e restano su sentieri conosciuti. Gli artisti di Collect the WWWorld, tuttavia, sono *networker* duri a morire e romantici anticonformisti.

La rozza educazione di un artista in rete non ne fa, tuttavia, una matricola o un sempliciotto (certo, alcuni lo sono, e in questo senso sono molto simili alla loro controparte accademica). La condivisione e la copia di oggetti mediali possono essere una funzione standard, quasi essenziale, della vita nella foresta, ma è ancora possibile raffinare e reindirizzare queste pratiche. È qui che gli artisti di oggi proseguono e attualizzano il lavoro e le idee dei movimenti d'arte radicale degli

art), the system of operations itself is now an elementary part of the art. Rather than mimicking a bureaucratic process by creating official looking stamps or forms (as in mail art or early networked art), working communication and information systems are applied to make art that intervenes in those systems, and disturbs their regular outcome. The creation of archives and new histories is one tendency in this context.

Stories, sounds, images and shapes of the past and present are the basis for new stories, sounds, images, and shapes. The Internet, as plain "archive of the real", is searched and explored by professional surfers, dedicated networkers who unhurriedly mine the riches of the digital domain from the comfort of their own homes. The pro-surfer is a "profateur" (professional amateur and profiteer), a scavenger archivist of the digital age, when judged through the old paradigms. Yet the digital native does not live in the old paradigms, and cannot distinguish between different levels of copyright, or consider any breach of it theft.

Copyright simply loses any meaning when the wilderness enters the home through a copy and editing machine, and is multiplied from there on. In terms of pre-digital law, however, this professional amateur is a profiteer. He or she profits from the abundance of images and objects floating around in the public domain by using them as straightforward matter.

Internet, vero e proprio "archivio del reale",
è interrogato ed esplorato da navigatori professionisti.

---

anni Sessanta e Settanta. Invece di proiettare un'idea su un sistema di operazioni e chiamare questo arte (come nella System Art e nell'arte concettuale), qui è quello stesso sistema di operazioni a essere una componente elementare dell'arte. Invece di imitare un processo burocratico creando bolli o moduli apparentemente ufficiali (come nell'arte postale e nella prima Network Art), i sistemi di comunicazione e informazione attuali sono usati per fare un'arte che interviene in quei sistemi, disturbandone il regolare funzionamento. La creazione di archivi e nuove storie è una delle tendenze attive in questo contesto.

Storie, suoni, immagini e forme del passato e del presente sono il punto di partenza per nuove storie, suoni, immagini e forme. Internet, vero e proprio "archivio del reale", è interrogato ed esplorato da navigatori professionisti, *networker* che senza fretta scavano le miniere del dominio digitale dal *comfort* delle loro case. Il pro-surfer è un "profateur" (amatore professionista e approfittatore), l'archivista accattone dell'era digitale, se giudicato attraverso vecchi paradigmi. Ma i nativi digitali non vivono secondo i vecchi paradigmi, e non sanno distinguere tra diversi livelli di copyright, né considerare un furto ogni violazione dello stesso. Semplicemente, il copyright perde ogni significato quando la foresta entra in casa attraverso una macchina per copiare ed editare, per poi crescere senza sosta. In termini di legge pre-digitale, tuttavia, questo amatore professionista è un approfittatore.

From the point of view of the digital native or the network schooled artist there is no inside and outside of the law. Equally, there is no distinction between personal and institutional histories. Time and memory matter fly in all directions, processed and transferred at the speed of light. "The sphere of the collective imaginary", writes Matteo Pasquinelli, "like the sphere of production, must be considered an extension of our animal instincts, an excess or surplus of energy." [5] From the historic havoc left by the all-absorbing networks, the individual networker saves whatever he or she thinks is necessary to construct the future past. With their fingers on the controls, on the keyboard and mouse that bear down on the soft substance of information objects, digital natives create their own versions of history, and build the specific archives these histories call for.

Digital animals and analog copies

What happens online does not stay online. The practices and social relations described above are not limited to the purely digital network environment. Even offline copying is hardly a conscious act. It happens instinctively, greedily, playfully. This has been the case since the dawn of home copy media, like tape decks. Instinctive, uninhibited copying has now spread everywhere thanks to the peer-to-peer

—

The physical environment turns into an "archive of the virtual", and starts to be complementary to the online "archive of the real".

—

Trae profitto dall'abbondanza di immagini e oggetti che fluttuano nel pubblico dominio, per servirsene come materia prima.
Dal punto di vista del nativo digitale o dell'artista cresciuto alla scuola della rete, non c'è un dentro e un fuori la legge. Allo stesso modo, non c'è distinzione tra storie personali e istituzionali. Frammenti di tempo e di memoria viaggiano in ogni direzione, processati e trasferiti alla velocità della luce. "La sfera dell'immaginario collettivo, – scrive Matteo Pasquinelli – come la sfera della produzione, deve essere considerata un'estensione dei nostri istinti animali, un eccesso o un surplus di energia." [5] Dalla storica devastazione prodotta da reti che tutto assorbono, il singolo *networker* salva qualsiasi cosa ritenga necessaria alla costruzione del futuro anteriore. Le loro dita sui controlli, la tastiera e il mouse premuti sulla molle sostanza degli oggetti dell'informazione, i nativi digitali creano la loro versione della storia, e allestiscono gli archivi che queste storie rendono necessari.

Animali digitali e copie analogiche

Ciò che accade online non resta online. Le pratiche e le relazioni sociali appena descritte non si circoscrivono a un ambiente di rete esclusivamente digitale. Anche offline, copiare è raramente un atto consapevole. È un gesto avido, giocoso, istintivo.

homeliness of the digital sphere. The living archive is future, fragmented history, as it is recorded and spread through millions of personal computers. Yet, as this sphere itself grows, the digital wilderness seeps out of its hardware carriers and the gazillion antennas of wireless devices that surround us in ever more uncontrollable streams. It starts to re-infect the wetware (us) anew, recreating itself through us as its host, and something strange occurs.

The whole world becomes a caricature of an interface, a theatre for popular data re-enactment. The physical environment turns into an "archive of the virtual", and starts to be complementary to the online "archive of the real". Scrollbars, screensavers, pointers and other analog copies of digital objects pop up in hard matter. The rampant growth of media images and digitized cultural artefacts is accompanied by an equally unstoppable outgrowth of the network. The Real World becomes its ultimate screen and scene, as more and more signs and structures from the digital universe materialize through our hands. Through our re-mapped and mapping minds we rearrange homes, schools, streets, cities, countries, continents and the world. The Matrix is a fairytale, but the protruding and invading network is not.

The network and its aesthetic redefine everything. The digital native unmistakably has a different take on the world. In his book *Web Aesthetics* Vito Campanelli wri-

—

Lo spazio fisico si trasforma in un "archivio del virtuale",
e diventa complementare
all'archivio del reale che si trova online.

—

È accaduto sin dall'alba degli strumenti di copia domestici, come i videoregistratori. Oggi si copia ovunque, istintivamente, senza inibizioni, grazie alla quotidianità *peer-to-peer* della sfera digitale. L'archivio vivente è una frammentata storia futura, registrata e distribuita attraverso milioni di personal computer. Ma, man mano che questa sfera cresce, la foresta digitale striscia, in flussi ancora più incontrollabili, fuori dall'hardware e dalle innumerevoli antenne wireless che ci circondano. Riprende a infettare il *wetware* (noi), si riproduce usandoci come ospiti, e qualcosa di strano accade.

Il mondo intero diventa la caricatura di una interfaccia, un teatro per la rimessa in scena di dati popolari. Lo spazio fisico si trasforma in un "archivio del virtuale", e diventa complementare all'archivio del reale che si trova online. Barre di scorrimento, screensaver, puntatori e altre copie analogiche di oggetti digitali rispuntano in forma materiale. La rapida crescita di immagini mediali e artefatti culturali digitalizzati si accompagna a un traboccare della rete difficile da fermare. Il Mondo Reale diventa il suo schermo, la sua scena definitiva, man mano che sempre più segni e strutture dell'universo digitale si materializzano attraverso le nostre mani. Con le nostre menti, riprogrammate ma anche in grado di programmare, riconfiguriamo case, scuole, strade, città, paesi, continenti e il mondo intero. La Matrice è una favola, ma la rete che ne eccede i confini e ci invade non lo è.

tes: "I view aesthetic experience on the Web as a giving over of oneself to an aesthetic flow; a flow that is fuelled by the logic underlying digital technology and that increasingly encompasses contemporary existence." [6]

Any aspect of network culture however, not just the experience of the Web, re-defines the worldview of the netizen. Take for example the ancient Internet pastime of reformulating one's identity, one's gender, and one's role in life by constructing it anew online. Today this has been turned around. Instead of digital personae enabling experimental social relations and self-representation online, free from the physical body, the human body is rewired (so to speak) through its memory of experiences in the vital environments of the Net.

Digital personae start to animate wetware (people), and the network is embodied in flesh. Digital animals are free to walk down the street not because they always did, but because they are wireless. It is a new logic, a different take on freedom and opportunity, and on acting and being. Street art and blogs naturally flow seamlessly together. Online spaces fill with travel logs, found art, weird fashion, artsy advertising, funky design, snapshots of streets, people, shops, parties and openings. Walls and sidewalks fill with animated digipersonae, paint, USB sticks and augmented reality objects. The sky, like in The Truman Show, is a canvas. The artists in the show Collect the WWWorld are the proof.

—

*Digital personae start to animate
wetware (people), and the network is embodied in flesh.*

—

La rete e la sua estetica ridefiniscono qualsiasi cosa. È evidente: il nativo digitale ha un altro approccio al mondo. Nel suo libro *Web Aesthetics*, Vito Campanelli scrive: "per me, l'esperienza estetica in rete è l'abbandonarsi a un flusso estetico; un flusso alimentato dalla logica che soggiace alle tecnologie digitali e che sempre più si estende alla vita contemporanea." [6] Tuttavia, non solo l'esperienza del web, ma ogni altro aspetto della cultura di rete ridefinisce la visione del mondo di un *netizen*. Si prenda, ad esempio, il vecchio giochino di riformulare la propria identità, il proprio sesso e il proprio ruolo nella vita costruendosene uno nuovo in rete. Oggi la situazione si è ribaltata. Invece di identità digitali che consentono di sperimentare – liberi dal corpo fisico – con le relazioni sociali e la rappresentazione di sé in rete, ora è il corpo umano a essere riconfigurato dal ricordo delle esperienze fatte negli spazi di vita della rete.

Le identità digitali prendono ad animare il *wetware* (le persone), e la rete si fa carne. Gli animali digitali sono liberi di camminare per strada non perché l'hanno sempre fatto, ma perché sono wireless. È una nuova logica, un approccio diverso alla libertà e alle opportunità, all'agire e all'essere. Street art e blog procedono naturalmente di pari passo. Gli spazi online si riempiono di diari di viaggio, *found art*, moda estrema, pubblicità pretenziosa, design sperimentale, istantanee di strade, persone, negozi, feste e inaugurazioni. Muri e marciapiedi si riempiono di

FOOTNOTES

[1] **Marshall McLuhan**, *Counterblast*. Berlin, Transmediale/Gingko Press, 2011.

[2] **Tiziana Terranova**, *Network Culture, Politics for the Information Age*. London, Pluto Press, 2004, p. 154.

[3] **Brian Holmes**, *Escape the Overcode, Activist Art in the Control Society*. Eindhoven, Van Abbemuseum, 2009, p. 30.

[4] **Marisa Olson**, "Lost Not Found: The Circulation of Images in Digital Visual Culture", in *Words Without Pictures*, September 2008. Now available at

http://people.ucsc.edu/~lkelley/classes/136c_fall2010/eres/Olson_WordsWithoutPictures.pdf (accessed July 2011).

[5] **Matteo Pasquinelli**, *Animal Spirits, A Bestiary of the Commons*. Amsterdam/Rotterdam, Institute of Network Cultures/NAi Publishers, 2008, p. 157.

[6] **Vito Campanelli**, *Web Aesthetics, How Digital Media Affect Culture and Society*. Amsterdam/ Rotterdam, Institute of Network Cultures/NAi Publishers, 2010, p. 13.

—

*Le identità digitali prendono ad animare
il wetware (le persone), e la rete si fa carne.*

—

identità digitali animate, pittura, pennette USB e oggetti di realtà aumentata. Come in Truman Show, il cielo è una tela. Gli artisti di Collect the WWWorld ne sono la prova.

NOTE

[1] **Marshall McLuhan**, *Counterblast*. Berlin, Transmediale/Gingko Press, 2011.

[2] **Tiziana Terranova**, *Network Culture, Politics for the Information Age*. London, Pluto Press, 2004, p. 154.

[3] **Brian Holmes**, *Escape the Overcode, Activist Art in the Control Society*. Eindhoven, Van Abbemuseum, 2009, p. 30.

[4] **Marisa Olson**, "Lost Not Found: The Circulation of Images in Digital Visual Culture", in *Words Without Pictures*, September 2008. Ora disponibile all'URL

http://people.ucsc.edu/~lkelley/classes/136c_fall2010/eres/Olson_WordsWithoutPictures.pdf (ultimo accesso: luglio 2011).

[5] **Matteo Pasquinelli**, *Animal Spirits, A Bestiary of the Commons*. Amsterdam/Rotterdam, Institute of Network Cultures/NAi Publishers, 2008, p. 157.

[6] **Vito Campanelli**, *Web Aesthetics, How Digital Media Affect Culture and Society*. Amsterdam/ Rotterdam, Institute of Network Cultures/NAi Publishers, 2010, p. 13.

> "Bees plunder the flowers here and there, but afterward they make of them honey, which is all theirs; it is no longer thyme or marjoram. Even so with the pieces borrowed from others; one will transform and blend them to make a work that is all one's own, that is, one's judgement."
>
> — *Michel de Montaigne*, "On the Education of Children", 1579-1580. [1]

The internet seems like so many things – a mirror, a time machine, a library, a second self. It is also a puzzle begging an artist to reassemble, recombine, and recontextualize its seemingly infinite number of parts.

It is here, on Tumblr, on Facebook, or through Google Image search, we encounter visuals stripped of context, presented with no past or future; images, as Roberto Bolano puts it in *2666*, "with no handhold, images freighted with all the orphanhood in the world, fragments, fragments." [2]

Fragmentary orphan online images make up the paint box of a contemporary artist – to infuse with purpose and meaning, to recombine and root to a specific place and time. There is documentation of anything waiting to be found. An endless archive of images awaits the artist. To create from it is to remember, not just to recall. To archive is to postpone judgment, to procrastinate determining an image's fate. What was once a deliberate act is now thoughtless and unchallenging, the default setting of a culture increasingly dematerializing.

Today's technical structures prepare
for the infinite – the digital unencumbered
by physical limits of time and space.

> "Le api rubano ai fiori qui e là, ma alla fine ne fanno miele, che è tutto loro; non è più timo o maggiorana. Lo stesso accade quando si prendono a prestito frammenti da altri: li si trasforma e ricompone per farne un lavoro proprio, realizzato, cioè, secondo il proprio giudizio."
>
> — *Michel de Montaigne*, "Dell'educazione dei bambini", 1579-1580. [1]

Internet somiglia a molte cose – uno specchio, una macchina del tempo, una biblioteca, un altro sé. È anche un enigma, che sollecita un artista a riassemblare, ricombinare e ricontestualizzare le sue tessere, apparentemente infinite.

È qui, su Tumblr, su Facebook, o attraverso una ricerca su Google Images, che ci imbattiamo in immagini strappate al loro contesto, presentate senza passato o futuro; immagini, come scrive Roberto Bolano in *2666*, "senza appiglio, disperatamente orfane, frammenti, frammenti." [2]

Queste immagini online, orfane e frammentarie, costituiscono la cassetta dei colori di un artista contemporaneo – che ha il compito di infondervi una ragione e un significato, di ricombinarle e radicarle in uno spazio e tempo specifici. Documentano ogni cosa, e sono lì che attendono. Un archivio infinito di immagini a disposizione dell'artista. Creare a partire da lì significa ricordare, non solo rievocare. Archiviare significa posporre il giudizio, rimandare la scelta di un destino per l'immagine. Quello che un tempo era un gesto deliberato accade ora naturalmente, senza calcolo, impostazione di default di una cultura sempre più smaterializzata.

It is not even humanly possible for one person to watch all the content on YouTube. Recently, the company reported that every minute, 48 hours of new videos are uploaded to the site. Jacques Derrida said in *Archive Fever*, "the technical structure of the archiving archive also determines the structure of the archivable content even in its very coming into existence and in its relationship to the future. The archivization produces as much as it records the event."[3] Today's technical structures prepare for the infinite – the digital unencumbered by physical limits of time and space.

The archive further compounds with images available duplicated in multiple file formats – videos or stills, default sizes or scaled as thumbnails – created for the various interweb addresses where they were uploaded or scraped. Every variation is like an accidental parallel world.

And estimating temporal and geographic details can be difficult. These aspects are mutable. Forgetting the potential of Photoshop, modern comforts look increasingly homogenous. We may furnish our apartments from Bangkok to Malmo to Santo Domingo with the same IKEA couch. A photograph taken on a digital camera tomorrow won't look much different from a photograph taken ten years ago. And so an image of sofa is a potential artifact from just about any time in the past decade, from just about any industrialized country in the world.

In an interview with Mark Fisher for *Kaleidoscope*, Mark Leckey said, the internet "al-

———

Le strutture tecniche di oggi preparano l'infinito
– l'archivio digitale sgravato dai limiti fisici
di spazio e tempo.

———

Non è neppure umanamente possibile, per una persona, vedere tutti i contenuti di YouTube. Qualche tempo fa, l'azienda ha annunciato che, ogni minuto, quarantotto ore di nuovi video vengono caricate sul sito. Ha scritto Jacques Derrida in *Archive Fever*: "la struttura tecnica dell'archivio determina la struttura del contenuto archiviabile sin dalla sua nascita, e nella sua relazione con il futuro. Il processo di archiviazione non si limita a registrare l'evento, lo determina." [3] Le strutture tecniche di oggi preparano l'infinito – l'archivio digitale sgravato dai limiti fisici di spazio e tempo.

L'archivio si accresce ulteriormente di immagini disponibili in differenti formati di file – video o fermi immagine, in formato standard o ridotte a *thumbnail* – create per i vari indirizzi web dove sono state caricate o abbandonate. Ogni variazione è come un mondo parallelo concepito accidentalmente.

Capire la loro origine geografica o temporale può essere complicato. Questi dettagli sono mutevoli. Dimentichiamo, per un attimo, le potenzialità di Photoshop: in generale, i prodotti di oggi tendono all'omogeneità. Possiamo arredare il nostro appartamento a Bangkok, Malmo o Santo Domingo con lo stesso divano IKEA. Una fotografia scattata domani con una fotocamera digitale non è poi molto diversa da un'altra scattata dieci anni fa. Quindi la fotografia di un divano è un artefatto che può appartenere, potenzialmente, a qualsiasi momento dell'ultimo decennio, e provenire da qualsiasi paese industrializzato del mondo.

lows concentrations of things to manifest, to self-generate or come together into some kind of body... We're so immersed in these new networks; we're so dispersed, and we haven't figured out a way to concentrate. That's the point of this argument: you have to consciously make a body out of these things. There has to be a program in art-making and in politics, and we have to gather these things together. I still think that the Internet's technological possibilities allow for that, more so than ever."[4]

The art-making Leckey describes comes to life in the works exhibited in Collect the WWWorld. Here we see parts assembled, decisions made, the reappropriation of signs and forms; and from this a new practice emerges, broadening our understanding of the online world. The internet rejects traditional notions of ownership; it is comprised only of things available to share.

From Kevin Bewersdorf's self-explanatory *Google image search result for "exhausted" printed onto blanket, tie, dog leash, and gold towel by Walgreens.com* (2007) or Guthrie Lonergan's video collection *Artist Looking at Camera* (2006) to Natalie Bookchin's two minute video created from dozens of videos of vloggers ironically saying "I'm not gay" (*I am Not*, 2009), we see the artist assume a dual role as a curator. Evan Roth even presents the byproduct of his web browsing as a work of art with *Personal Internet Cache Archive (May 6, 2011)*. This is "curation", not in the contemporary reductive connotation of the word as simply an act of selection,

—

This is "curation", a purposeful act
of preservation, ensuring these fragments
will no longer exist unseen.

—

In un'intervista con Mark Fisher pubblicata su *Kaleidoscope*, Mark Lechey ha notato che internet "consente a quantità di cose di manifestarsi, di auto-generarsi e di aggregarsi in una sorta di corpo unitario... Siamo così immersi in queste reti; siamo così distratti, e non siamo ancora riusciti a trovare un modo per concentrarci. È questo il punto: dobbiamo consapevolmente convertire tutto ciò in qualcosa di unitario. C'è bisogno di un programma in arte come in politica, dobbiamo ricondurre tutto questo ad unità. Credo che le possibilità tecnologiche di internet lo consentano, oggi più che mai." [4]

Il fare arte di cui parla Leckey emerge nei lavori esposti in Collect the WWWorld. Qui vediamo gli artisti assemblare frammenti, assumere decisioni, riappropriarsi di segni e forme; e da qui, una nuova pratica emerge, capace di ampliare la nostra comprensione del mondo della rete. Internet rigetta la concezione tradizionale della proprietà; è composto solo di cose fatte per essere condivise.

Da *Google image search result for "exhausted" printed onto blanket, tie, dog leash, and gold towel by Walgreens.com* (2007) di Kevin Bewersdorf, che è esattamente quanto spiegato dal titolo; a *Artist Looking at Camera* (2006), la collezione di video di Guthrie Lonergan; al video di due minuti di Natalie Bookchin, creato a partire da decine di video di blogger che proclamano ironicamente di non essere gay (*I am Not*, 2009): ciò che vediamo qui è l'artista sdoppiare il proprio ruolo in quello di

but as caretaking – a purposeful act of preservation, ensuring these fragments will no longer exist unseen.

Aleksandra Domanović retells *Annie Hall* in *Anhedonia* (2007), entirely with repurposed image material. Domanović replaced the film footage with clips found in a photographic and video archive while searching for key words in the script. Getty Images watermarks on the images serve as a reminder that everything about the work is found. *Annie Hall*, better known for its dialogue than images, is a rare film classic that might hold up as a podcast. You can follow the film just as audio through its entire 90 minutes without ever really getting lost. But in contrast with the Getty Images, the conversations in the film seem less sincere. Titled as what Woody Allen originally intended to call the film (the word, a term in psychiatry meaning having an inability to experience pleasure from previously enjoyable activities) Domanović's film provides an entirely different viewing experience. One could even argue Domanović's improves on it.

Generally the images in *Anhedonia* do not convey the meaning implied by the corresponding words in the script. Since Getty Images is usually used for sourcing commercial purposes, these representations often look inflated and obvious – a parody in this context. *Anhedonia* stresses the ambiguity of language, and how difficult that ambiguity is to convey online.

—

Questo è "curare", un atto intenzionale
di conservazione, che vuole assicurarsi
che questi frammenti non passino più inosservati.

—

curatore. Addirittura, Evan Roth arriva a presentare, in *Personal Internet Cache Archive (May 6, 2011)*, le tracce della propria navigazione come opera d'arte. Questo è "curare", non nel senso riduttivo del termine oggi utilizzato, e che descrive semplicemente un atto di selezione; ma nel senso di "prendersi cura di" – un atto intenzionale di conservazione, che vuole assicurarsi che questi frammenti non passino più inosservati.

Aleksandra Domanović parafrasa *Annie Hall* in *Anhedonia* (2007), servendosi interamente di materiale iconografico appropriato e riproposto. Domanović ha infatti rimpiazzato il girato del film con brevi clip trovate in un archivio di immagini e video, come risposta a una ricerca sulle parole chiave della sceneggiatura. Il *watermark* di Getty Images sulle immagini serve per ricordare che tutto, nel lavoro, è materiale trovato. *Annie Hall*, più noto per i suoi dialoghi che per le sue immagini, è un raro esempio di classico cinematografico che potrebbe funzionare anche in podcast. Si potrebbe seguire il film come semplice traccia audio per tutti i suoi novanta minuti senza perdersi. Ma messa a confronto con i materiali visivi di Getty Images, la conversazione del film suona falsa. Il film di Domanović, che ha per titolo quello che avrebbe dovuto essere il titolo del film di Woody Allen (un termine psichiatrico che descrive l'incapacità di provare piacere anche in situazioni normalmente piacevoli), offre un'esperienza visiva totalmente diversa.

The digital age demands fluency in rapid cycles of emotions. Quick pivots with a mouse click from the rapturous to the melancholy, the poignant to the kitsch. Improbable juxtapositions in the collage made of the tabs of a web browser are where various emotions bleed over to negate each other. How do we process the suffering in the world, how do we truly care for one another? – when to feel is to concentrate, not to multitask, but to focus until the natural boundaries of emotions are revealed.

Appropriation is thought of as the art of theft – the "great artists steal" maxim literalized. But these fragments of endless archive as tools work like an abstracted Droste effect, one into another, into the next. Using custom software, found footage, and metadata, Jodi's *Folksomy* plays user-generated YouTube clips like a jukebox. It is not always clear what the social bookmarking-style tags will deliver, even "facebook" or "emo" might offer up a surprise. Clashing and chaotic, delivering image pairings jarring or uncanny, the randomness of *Folksomy* repurposes the furthest corners of the endless archive. Each video was recorded by someone with some specific purpose in mind, but to the rest of us it seems as pointless as the next user-generated uploaded file. But found footage played simultaneously, sometimes seemingly battling each other, gives the viewer an approximation of the vastness of this archive.

———

Online worlds refuse to compartmentalize high and low culture, everything is instead muted somewhere in between.

———

Si potrebbe persino sostenere che Domanović ha migliorato l'originale.

In generale, le immagini di *Anhedonia* non veicolano il significato implicato dalle corrispondenti parole della sceneggiatura. Dal momento che Getty Images è di norma utilizzato per scopi commerciali, queste immagini sembrano spesso retoriche e ovvie – una parodia in questo contesto. *Anhedonia* sottolinea l'ambiguità del linguaggio, e quanto sia difficile veicolare quell'ambiguità online.

L'era digitale induce a passare con naturalezza e rapidità da un'emozione a un'altra. Si va dall'estatico al malinconico, dal toccante al kitsch con la rapidità di un click del mouse. Nelle improbabili giustapposizioni prodotte dal collage delle finestre aperte di un browser, diverse emozioni si fondono e si elidono a vicenda. Come possiamo prendere atto della sofferenza nel mondo, come possiamo realmente interessarci degli altri? Sentire è concentrarsi, non fare tante cose tutte assieme – concentrarsi fino a che si rivelino i legami naturali delle emozioni.

L'appropriazione è intesa come l'arte del rubare – "i grandi artisti rubano" presa alla lettera. Ma questi frammenti dell'archivio infinito, usati come strumenti, operano come un astratto effetto ricorsivo, l'uno nell'altro. Usando un software realizzato dallo stesso Jodi, video trovati e metadati, *Folksomy* riproduce video di YouTube prodotti dagli utenti come un jukebox. Non è sempre chiaro quali contenuti le tag evocheranno, persino "facebook" ed "emo" possono riservare delle

Online worlds refuse to compartmentalize high and low culture, everything is instead muted somewhere in between. Cory Arcangel's CD collection, *Since U Been Gone* (2011) is an example of this. It's an example of how even the least intellectually rigorous instances in culture have an evolutionary timeline too. Starting with the Kelly Clarkson song of that name, Arcangel traces backward through music production that seemed to influence the song, and forward new tracks it influenced. We don't often think of pop songs as having histories, *Since U Been Gone* captures not just the span of influence, but a specific moment in time.

Many children grew up pretending to be Johnny Carson or David Letterman in their living rooms; with hairbrush microphones and stuffed animal guests strewn on the couch. The children today mimicking Jimmy Fallon, are more than likely uploading these pretend "shows" to add to the endless archive of user-generated videos.

To perform is to request attention, and no one needs it more than a child. Elisa Giardina Papa's *need ideasss!?!PLZ!!*, (2011) is a video collage of several girls asking for help coming up with a reason to record a web series ("Whether you want me to sing?... or talk of something important...") We don't know if the girls in Elisa Giardina Papa's video are real or fake. Apart from the clue of their accents, we can't really tell their locations. They are different races and seem slightly different in age, but the girls all represent themselves on the screen alike.

I mondi online resistono alla separazione tra cultura alta e bassa, tutto sembra collocarsi da qualche parte lì in mezzo.

---

sorprese. Contraddittorio e caotico, Folksomy genera cacofoniche e bizzarre associazioni tra le immagini, e nella sua casualità riporta in superficie i recessi più inaccessibili dell'archivio infinito. Ogni video è stato registrato da qualcuno con uno specifico obiettivo in mente, ma a chiunque altro sembra tanto vacuo quanto quello caricato subito dopo. Eppure, questa riproduzione simultanea di due artefatti che a volte sembrano fare a pugni l'uno con l'altro finisce per rendere la vastità dell'archivio in maniera efficace.

I mondi online resistono alla separazione tra cultura alta e bassa, tutto sembra collocarsi da qualche parte lì in mezzo. *Since U Been Gone* (2011), la collezione di CD di Cory Arcangel, ne è un esempio. A volte, persino i prodotti intellettualmente meno rigorosi di una cultura hanno un albero genealogico. Partendo dall'omonima canzone di Kelly Clarkson, Arcangel intraprende un percorso a ritroso nella produzione musicale che ha influenzato la canzone, e in avanti fra le canzoni che ne sono state influenzate. Spesso dimentichiamo che anche le canzoni pop hanno una storia. *Since U Been Gone* non cattura solo l'estensione delle influenze, ma anche uno specifico momento nel tempo.

Molti ragazzini sono cresciuti nei propri soggiorni convinti di essere Johnny Carson o David Letterman, con spazzole come microfoni e una fila di orsacchiotti sul divano come pubblico. I ragazzini che oggi imitano Jimmy Fallon caricano in rete

The irony is that the "idea" request is a request for a MacGuffin. The real reason they upload these videos is they want to be seen. They ask for ideas for the same reason they upload videos requesting ideas, it's a way to stake some claim to the digital world and flesh out an online presence. There is something very sad about a tween complaining about "having no time," as essentially she's saying she has no time to think. She doesn't know what to do with this place she's carved for herself online, because she hasn't yet determined her individual worth.

The art of appropriation is a timeless act. In the 16ᵗʰ century, Montaigne described how bees plunder from flowers and "afterward they make of them honey, which is all theirs." The contemporary artists is presented with the internet and its endless archive, a boundless treasure of images to repurpose and rework. In the digital age, images are lost but rarely deleted, never finalized. Everything is all set to remix. From valueless fragments these found images coalesce as work of art.

—

In the digital age, images are lost
but rarely deleted, never finalized.
Everything is all set to remix.

—

questi supposti "spettacoli", contribuendo all'archivio infinito dei video generati dagli utenti.

Recitare è reclamare attenzione, e nessuno ne ha bisogno più di un ragazzino. *need ideasss!?!PLZ!!*, (2011), di Elisa Giardina Papa, è un video-collage in cui diverse ragazze chiedono allo spettatore una ragione qualsiasi per registrare una web series ("Volete che canti?... O devo parlare di qualcosa di importante?"). Non sappiamo se queste ragazze siano vere o false. Non sappiamo nemmeno di dove siano, se non per il loro accento. Sono di razze diverse e sembrano di età diverse, ma sullo schermo si rappresentano tutte allo stesso modo.

Ma la richiesta di un'idea è un diversivo. La vera ragione per cui caricano questi video è che vogliono essere viste. Chiedono idee per la stessa ragione per cui caricano video in cui chiedono idee: è un modo per dire qualcosa al mondo digitale, affermare la propria presenza online. C'è qualcosa di molto triste in una ragazzina che si lamenta di "non aver tempo", è come se stesse dicendo che non ha tempo per pensare. Non sa cosa farsene di questo spazio che si è creata in rete, perché non ha ancora riconosciuto il proprio valore come individuo.

L'arte dell'appropriazione è senza tempo. Nel sedicesimo secolo, Montaigne spiegava che le api rubano ai fiori, ma "alla fine ne fanno miele, che è tutto loro." Gli artisti contemporanei si affacciano su internet e sul suo archivio infinito, un te-

FOOTNOTES

[1] **Michel de Montaigne**, in *Les Essais*, published according to the "Exemplaire de Bordeaux" by Fortunat Strowski, Bordeaux 1906 and 1909; Georg Olms, Hildesheim / New York, 1981.

[2] **Roberto Bolano**, *2666*, 2004. (Eng. ed: *2666. A Novel*, Farrar, Straus and Giroux, 2008).

[3] **Jacques Derrida**, "Archive Fever. A Freudian Impression", in *Diacritics*, Vol. 25, No. 2, Summer 1995, pp. 9 – 63.

[4] **Mark Fisher**, "ART STIGMERGY. Interview with Mark Leckey", in *Kaleidoskope*, issue 11, Summer 2011.

—

*Nell'era digitale, le immagini si perdono,
ma di rado vengono cancellate, e mai finalizzate.
Tutto è disponibile per essere remixato.*

—

soro senza limiti di immagini da riproporre e rielaborare. Nell'era digitale, le immagini si perdono, ma di rado vengono cancellate, e mai finalizzate. Tutto è disponibile per essere remixato. Frammenti senza valore, queste immagini si fondono a formare opere d'arte.

NOTE

[1] **Michel de Montaigne**, in *Les Essais*, pubblicati secondo l'"Exemplaire de Bordeaux" da Fortunat Strowski, Bordeaux 1906 e 1909; Georg Olms, Hildesheim / New York, 1981.

[2] **Roberto Bolano**, *2666*, 2004. (Edizione italiana: Milano, Adelphi 2008).

[3] **Jacques Derrida**, "Archive Fever. A Freudian Impression", in *Diacritics*, Vol. 25, No. 2, Summer 1995, pp. 9 – 63.

[4] **Mark Fisher**, "ART STIGMERGY. Interview with Mark Leckey", in *Kaleidoskope*, issue 11, estate 2011.

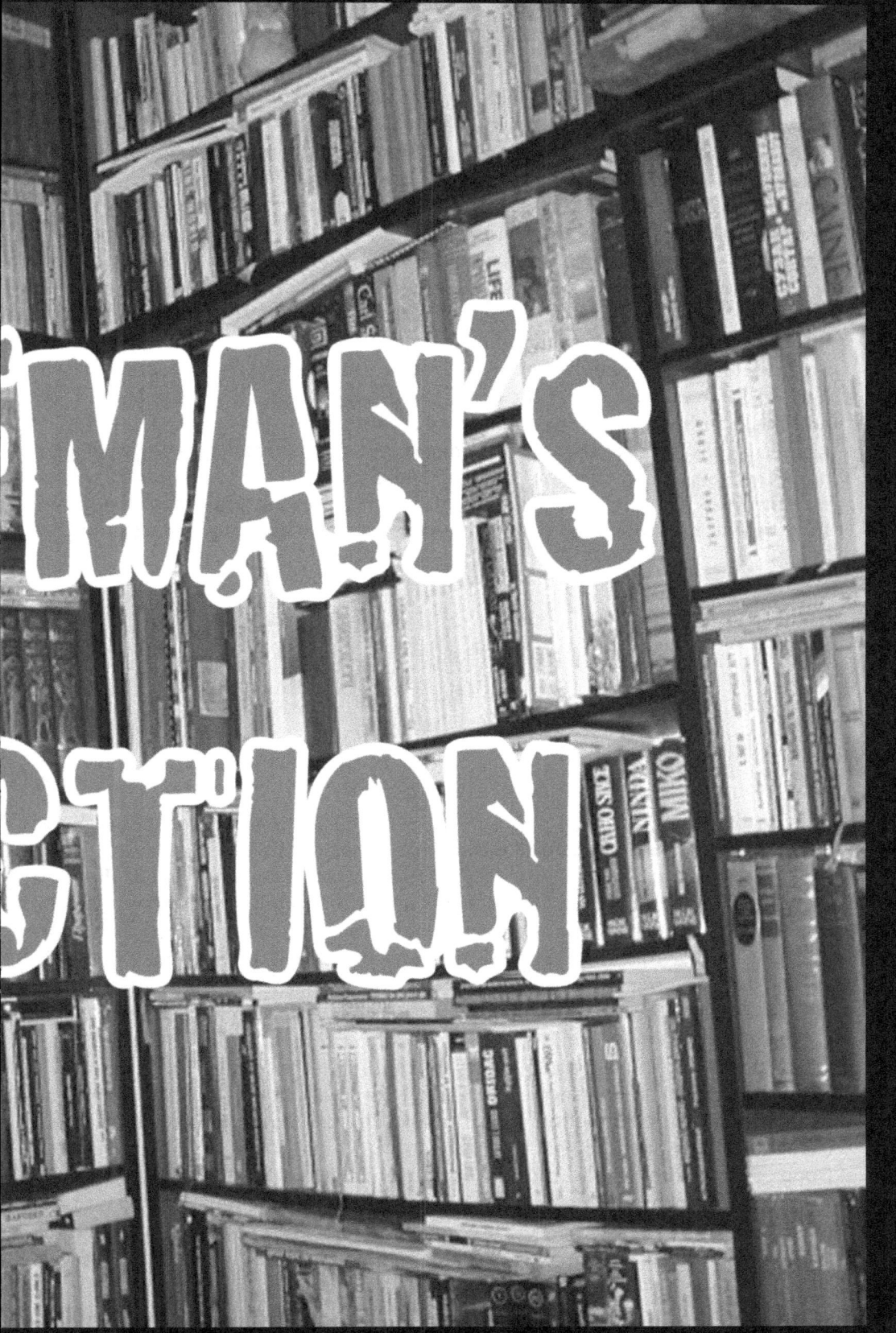

1.

The first time I saw Google Street View was an accident. I was using the satellite view feature on Google Maps to look for an intersection of two streets in Brooklyn. I kept zooming in closer and closer to see if I could pick up additional detail. Eventually, however, the screen began to transform. The image of the map dissolved into a photographic representation of the street, through which I could both navigate and circle about. Instead of a series of symbols, I was given the street itself. I saw the pizza place on the corner and the children's shoe store across the street from the pizza place. I saw an elderly woman walking a poodle and a young man carrying a television. The image for me was more than practical information; a sense of mystery and contingency was present. Where is the elderly woman going with her poodle? Where did she come from? Moreover, was her poodle there with her at the time? It was all brought right up in front of me and the sheer unplanned randomness of it came as a shock.
After this initial shock, though, the images on Google Street View began to emanate a sense of melancholy. As close as they are to reality, the amount of mediation involved in bringing them there underlines one's distance from the reality they depict. As the artist Jon Rafman describes it, the images were captured

—

*Not social realism, but inhuman,
automated surveillance lacking
any ostensible point of view.*

—

1.

La prima volta che ho visto Google Street View è accaduto accidentalmente. Stavo usando la visione satellitare di Google Maps per controllare l'incrocio di due strade a Brooklyn. Continuavo a zoomare nel tentativo di ottenere maggiori dettagli. A un certo punto, tuttavia, lo schermo prese a cambiare. L'immagine della mappa si dissolse nella rappresentazione fotografica della strada, potevo percorrerla e girarci attorno. Al posto di una serie di simboli, mi ritrovavo la strada stessa. Vidi la pizzeria sull'angolo, e il negozio di scarpe per bambini sull'altro lato della strada. Vidi un'anziana signora che portava a passeggio il cane, e un giovane con un televisore. Quell'immagine mi offriva qualcosa di più di qualche informazione pratica; si percepiva un senso di mistero, di accadimento. Dov'è l'anziana signora che passeggiava col cane? Da dove veniva? E ancora, stava con il suo cane, in quel momento? Era tutto lì, di fronte a me, e nella sua imprevista casualità fu, per me, uno shock.
Dopo questo shock iniziale, tuttavia, le immagini di Google Street View iniziarono a emanare un senso di malinconia. Vicine come sono alla realtà, la quantità di mediazione necessarie per produrle e veicolarle sottolinea la nostra distanza dalla realtà che rappresentano. Come racconta l'artista Jon Rafman, queste immagini

through an automated process in which "hybrid electric vehicles, each one bea-ring nine separate cameras on a single pole stop every ten to twenty meters to automatically capture whatever moves through their frame" [1].

This camera-laden truck is neither a roving street photographer nor an amateur snap shot enthusiast, but a rationalized program executed by a computer with minimal assistance by human beings. Not social realism, but inhuman, automa-ted surveillance lacking any ostensible point of view. Additionally, the image is a link in a gigantic network of similarly automatized images. As one travels through these simulated streets, twenty meters by twenty meters, one becomes numbed to the automatic regularity of the images. Indeed, most of them are empty, a world of people inside their homes using Google Street View to look at a photograph of their homes.

Traveling through the maps, one begins to crave some sort of point of view with regard to their imagery, something to follow. As it stands, the horizontality of the world is value-free and meaningless.

One method of satisfying that craving may be found in the idea of a "collection," a view that Walter Benjamin suggests. The collector, for Benjamin, is a figure who sifts through the debris of history, isolating key instances, and re-contextualizing them. This re-contextualization acts as an allegory of history, demonstrating the

---

Nessun realismo sociale, solo inumana, meccanica sorveglianza, priva di qualsiasi chiaro punto di vista.

---

sono state catturate con un procedimento automatizzato in cui "ibridi veicoli elettrici, ciascuno con nove fotocamere indipendenti montate su un palo, si fer-mano ogni dieci o venti metri per catturare automaticamente qualsiasi cosa si muova di fronte al loro obiettivo." [1] Questo automezzo attrezzato di macchina fotografica non è né un fotografo di passaggio, né un amatore entusiasta, ma un programma ben congegnato eseguito da un computer, l'assistenza umana ridotta al minimo. Nessun realismo sociale, solo inumana, meccanica sorveglianza, priva di qualsiasi chiaro punto di vista. Viaggiando attraverso queste strade simulate, venti metri alla volta, si viene ipnotizzati dalla automatica regolarità delle im-magini. A dire il vero, molte di loro sono vuote: un mondo di persone dentro le loro case che usano Google Street View per vedere una fotografia della loro casa.

Viaggiando attraverso le mappe, si comincia ad avvertire il bisogno di un punto di vista su ciò che rappresentano, qualcosa da seguire. Così com'è, l'orizzontalità del mondo è priva di valore, e di senso.

Un modo per soddisfare questa fame si può trovare nell'idea di una "collezione", nella concezione suggerita da Walter Benjamin . Per Benjamin, il collezionista è una figura che scivola tra i detriti della storia, isolando momenti chiave e ricon-testualizzandoli. Questa ricontestualizzazione agisce come un'allegoria della sto-ria, rivelando l'infinità di rottami lasciati dalla marcia del "progresso" (quella

endless wreckage created in the wake of the sort of "progress" (the sort of meretricious "progress" suggested by the technology of Google Street View itself – the closer we get to things, the further away we are cast from them). The most valuable instances of a collection would be, in Benjamin's view, the objects that are "dialectical," meaning that they demonstrate their own context in history.

The historian Edward Fuchs was, for Benjamin, the ideal collector. Fuchs' collection was neither a hoard nor an undifferentiated miscellany: rather it was developed with a philosophical point of view. He chose obsolete, abject, or forgotten objects that are part of the dust-bin of history.

These obsolete objects act as death masks for the viewer, demonstrating the hopeless situation of capitalist progress. For Benjamin, this point of view of the collector creates a sort of negative aura [2] around the objects, an auratic distance which critiques itself. The items in Fuchs collection, thus, may be novel and even harmless on their own, but, when viewed in the context of the entire collection, they take on the philosophical point of view of the collector. In Fuchs' case, that point of view has a foreboding edge – each item stands as a symbol of the false hope of historical progress [3].

Speaking of objects in a collection, Benjamin writes that it is "not that they come alive in [the collector]; it is he who lives in them." [4]

—

In Rafman's collection the objects
are not obsolete per se,
but rather alienated, distant, and lonely.

—

sorta di ambiguo "progresso" suggerito dalla stessa tecnologia di Google Street View – più ci avviciniamo alle cose, più ne siamo messi a distanza). Nella visione di Benjamin, in una collezione gli elementi di maggior valore sono gli oggetti "dialettici", ossia capaci di raccontare il loro contesto storico.

Per Benjamin, lo storico Edward Fuchs era il collezionista ideale. La collezione di Fuchs non era né un accumulo disordinato, né una selezione senza criterio: piuttosto, era stata sviluppata sulla base di un punto di vista filosofico. Fuchs sceglieva oggetti obsoleti, abietti e dimenticati, la spazzatura della storia. Questi oggetti obsoleti agiscono come maschere mortuarie per lo spettatore, rivelando la situazione senza speranza in cui ci ha gettati il progresso capitalista. Per Benjamin, questo punto di vista del collezionista genera una sorta di aura negativa [2] attorno agli oggetti, una distanza auratica che critica se stessa. Gli oggetti della collezione di Fuchs, quindi, possono essere originali e persino innocui se presi da soli; ma, visti nel contesto dell'intera collezione, si fanno carico del punto di vista filosofico del collezionista. Nel caso di Fuchs, quel punto di vista ha un risvolto premonitore – ogni oggetto diventa un simbolo delle false speranze del progresso storico. [3]

Parlando degli oggetti di una collezione, Benjamin scrive che "non sono loro a diventare vivi [nel collezionista]; è il collezionista che vive in loro." [4]

2.

In Jon Rafman's ongoing *Google Street Views* project, one is presented with a similar sort of collection – this one consisting of screen grabs taken during the artist's ongoing journey through the virtual landscape of Street View.
In Rafman's collection, however, the objects are not obsolete per se, but rather
alienated, distant, and lonely. Although many of the images he collects depict
humorous or upbeat scenes, the bulk of the most powerful ones allegorize the
melancholy and isolation of a world – a world in which the simulation of a street
on Google Street View is often more real and accessible than the actual street. In
the most "dialectical" of the images collected by Rafman, one is faced with a de-
populated or technologically overwhelmed landscape in which the figures, if they
are there at all, seem to be disconnected.
For example, in one of the project's signature images, a woman stands on a rocky
beach staring into the ocean as if transfixed. The image has been zoomed-into to
better focus on the woman, resulting in an increase in the amount of pixelization
present in the image. Her face is further obscured by the blurring effect which
Google automatically places over all faces and license plates. And as always, in the
upper-left hand corner, one views the directional arrows and scroll tool familiar to

—

Nella collezione di Rafman gli oggetti
non sono, di per sé, obsoleti,
ma piuttosto alienati, distanti, solitari.

—

2.

Nel progetto in corso *Google Street Views*, di Jon Rafman, ci troviamo di fronte a
una collezione simile – in questo caso consistente di screenshot catturate nel
corso dei viaggi dell'artista nel paesaggio virtuale di Street View.
Nella collezione di Rafman, tuttavia, gli oggetti non sono, di per sé, obsoleti, ma
piuttosto alienati, distanti, solitari. Anche se molte delle immagini che colleziona
raffigurano scene divertenti e positive, buona parte delle più potenti si presenta
come un'allegoria della malinconia e dell'isolamento di un mondo – un mondo
in cui la simulazione di una strada su Google Street View è spesso più reale e accessibile della vera strada. Nelle immagini più "dialettiche" fra quelle collezionate
da Rafman, lo spettatore si confronta con un paesaggio spopolato o straripante
di tecnologia in cui le figure, sempre che ci siano, appaiono alienate.
Ad esempio, in una delle immagini più note del progetto, una donna in piedi su una
costiera rocciosa guarda l'oceano, come rapita. L'immagine è stata zoomata per
concentrare l'attenzione sulla donna, riducendo ulteriormente la definizione del-
l'immagine. Il suo volto è reso ancora più indefinito dall'effetto di sfumatura che
Google sovrappone automaticamente ai volti delle persone e alle targhe delle automobili. Come sempre, nell'angolo in alto a sinistra, compaiono le frecce direzio-

users of Google Maps. Overall, it strikes one as something like a <u>Caspar David Friedrich</u> landscape for the wired set. Staring into the vastness of the ocean, in a digitally noisy image branded by the Google corporation, the woman is disconnected from anything concrete. There is not enough context to identify where she is in relation to any other landmarks and, even if there were, the digital noisiness of the image makes it almost impossible to know for sure what it is that one would be looking at. For example, it's difficult to tell whether the woman is wearing a flesh-colored bathing suit or is, in fact, nude. Re-contextualized in Rafman's collection, the image reflects back to the viewers their own condition in relation to it: disconnected from nature, drowning in the ongoing accumulation of digital noise.

In many of the other images in the collection, a similar self-reflexivity is present. Dwarfed by a flood of urban architectural detail or suburban shopping-plaza sameness, lone figures or small groups of figures – all with blurred faces – drown in the traces of digital transcription which they've gone through on their way to being displayed on a computer monitor. In one striking image, a truck – a technological symbol of interstate trade and economic progress – is overturned in the middle of a street staring off into an endless desert. In another, three men – one of whom seems to be a policeman wearing a kilt – stand disconnected from one another on an otherwise empty hill. In many of the images, no figures are present

---

It is not that they come alive in the collector;
it is he who lives in them.

---

nali e la barra di scorrimento familiari a ogni utente di Google Maps. Nel suo complesso, colpisce come un paesaggio dipinto da un <u>Caspar David Friedrich</u> cyberpunk. Lo sguardo fisso nella vastità dell'oceano, in un'immagine a bassa risoluzione marchiata dal logo della Google Corporation, la donna è lontana da tutto ciò che è reale. Non c'è abbastanza contesto per capire dove sia in relazione a un qualsiasi punto di riferimento e, anche in caso ci fosse, la bassa risoluzione dell'immagine renderebbe quasi impossibile capire che cosa esattamente si stia guardando. Ad esempio, è difficile capire se la donna indossi un costume da bagno color carne o se sia, di fatto, nuda. Ricontestualizzata nella collezione di Rafman, l'immagine restituisce agli spettatori il loro stato in relazione ad essa: uno stato di alienazione dalla natura e di immersione in un accumulo crescente di rumore digitale.

In molte altre immagini della collezione è presente un analogo livello di auto-riflessività. Miniaturizzate da un profluvio di dettagli di architettura urbana o di omologazione suburbana, figure solitarie o a piccoli gruppi – tutte con i lineamenti sfocati – sono sommerse dalle tracce della trascrizione digitale a cui si sono sottoposte nel percorso che le ha portate a essere visualizzate sullo schermo di un computer. In un'immagine impressionante, un camion – simbolo tecnologico di commercio internazionale e di progresso economico – è ribaltato al centro di una strada aperta su un deserto senza fine. In un'altra, tre uomini – uno dei quali

at all – just the endlessness of a road or landscape. Again, there is a sense here of human disconnection. It's unnerving and this sense of unnerving-ness is reinforced when viewed in the context of Rafman's entire collection, which is largely focused on isolating this particular theme.

By choosing *these* images of all the ones he could have chosen to isolate and collect, Rafman, like Benjamin's collector, creates an allegory for the interpretation of Google Street View: by getting as close to possible to the world through technology, the user of the technology unwittingly further distances herself from this world. And, again, like Benjamin's collector, a strange sense of negative aura is added to the images, coming into them from the point of view of the collector himself. While flipping through the images in Rafman's collection, it is "not that they come alive in [the collector]; it is he who lives in them".

FOOTNOTES

[1] **Jon Rafman**, "The Nine Eyes of Google Street View", *Art Fag City*, August 12, 2009.
Online at www.artfagcity.com/2009/08/12/img-mgmt-the-nine-eyes-of-google-street-view/.

[2] **Cf. Miriam Bratu Hansen**, "Benjamin's Aura", *Critical Inquiry* 34.2 (Winter 2008): 336-375.

[3] Cf. **Walter Benjamin**, "Edward Fuchs: Collector and Historian", in Andrew Arato, Eike Gebhardt (eds.), *The Essential Frankfurt School Reader*, Continuum: NY, 2005, pp. 225-254.

[4] **Walter Benjamin**, "Unpacking My Library", *Illuminations*, Fontana: London, 1973, pp. 59-67.

---

*Non sono loro a diventare vive nel collezionista;
è il collezionista che vive in loro.*

---

sembrerebbe essere un poliziotto in *kilt* – sono in piedi, lontani l'uno dall'altro, su una collina altrimenti vuota. In molte immagini non ci sono figure – solo l'infinità di una strada, o di un paesaggio. Di nuovo, si avverte un senso di alienazione umana. È snervante, una sensazione rafforzata quando la si considera nel contesto dell'intera collezione, che si concentra per lo più su questo specifico tema.

Scegliendo queste immagini fra tutte quelle che avrebbe potuto isolare e collezionare Rafman, come il collezionista di Benjamin, crea un'allegoria per l'interpretazione di Google Street View: avvicinandosi quanto possibile al mondo attraverso la tecnologia, l'utente della tecnologia si allontana involontariamente dal mondo. E ancora, come il collezionista di Benjamin, conferisce alle immagini uno strano senso di aura negativa prodotta dal punto di vista del collezionista medesimo. Quando si passano in rassegna le immagini della collezione di Rafman, "non sono loro a diventare vive [nel collezionista]; è il collezionista che vive in loro."

NOTE

[1] **Jon Rafman**, "The Nine Eyes of Google Street View", *Art Fag City*, 12 agosto 2009. Disponibile all'URL www.artfagcity.com/2009/08/12/img-mgmt-the-nine-eyes-of-google-street-view/.

[2] Cf. **Miriam Bratu Hansen**, "Benjamin's Aura", *Critical Inquiry* 34.2 (Winter 2008): 336-375.

[3] Cf. **Walter Benjamin**, "Edward Fuchs: Collector and Historian", in *L'opera d'arte nell'epoca della sua riproducibilità tecnica*, Einaudi, Torino 2000, pp. 79-123.

[4] **Walter Benjamin**, "Unpacking My Library", *Illuminations*, Fontana: London, 1973, pp. 59-67.

COLLECTORS

Alterazioni Video
Kari Altmann
Cory Arcangel
Gazira Babeli
Kevin Bewersdorf
Luca Bolognesi
Natalie Bookchin
Petra Cortright
Aleksandra Domanovic
Harm van den Dorpel
Constant Dullaart
Hans-Peter Feldmann
Elisa Giardina Papa
Travis Hallenbeck
Jodi
Oliver Laric
Olia Lialina & Dragan Espenshied
Guthrie Lonergan
Eva and Franco Mattes aka 0100101110101101.ORG
Seth Price
Jon Rafman
Claudia Rossini
Evan Roth
Travess Smalley
Ryan Trecartin

ALTERAZIONI VIDEO

Why
are we drawn to the idea of
accumulating things? We tend to view collections as a
luxury, a sign of social distinction, the result of an obsession, forgetting that
the practice of collecting originated as a response to a primal need, and only
on occasion is taken to extremes to respond to some desire, or thirst for power,
or psychosis.

Alterazioni Video accumulates images to fulfil its primal need to communicate.
Need breeds thieves, and Alterazioni Video steals images because Western society has not yet developed an effective alternative to verbal language, that the
collective avoids using in any case. For years Alterazioni Video has been putting
together a vocabulary of images alone, which it even deploys in interviews and
conferences. On those occasions the members of the collective mutely respond
to questions from the public by means of a rapid confab, mostly a series of
looks exchanged, followed by an equally rapid search on their computer, before
producing an image.

The same need drives Alterazioni Video not only to steal, but also to adulterate:
they mix appropriated images with produced material, and subject both to an
ongoing process of manipulation, transformation and remix, the timeline of
which gets lost along the way. Works of art, fragments of pop culture, vernacular
images and trashy post production effects combine to form a new language in
their works/archives, from **Copy Right No Copy Right** (2005 - ongoing) to the **Violent Paintings** (2010 – 2011), from installations to performances to the recent **Olbania** (2011). This work, a collection of 600 (false) Polaroids, documents a trip
to Albania in the 1990s that never actually took place, subjected to delicate
manipulations that are only evident at a closer look.

Their **Violent Paintings**, on the other hand, are anything but delicate: this series
is a record of the group's internal communications, with a generous helping of
expletives. The violence in the title emerges in the source material – amateur
photos, cheesy graphics, two-bit porn - and at the post production stage – default effects, filters and deformations of all kinds, and in the
medium – crumpled and torn like waste
paper. [DQ]

Violent Paintings, 2010.
Digital prints on PVC, installation view
Courtesy Fabio Paris Gallery, Brescia

Perché accumuliamo? Tendiamo a considerare il collezionismo un lusso, uno strumento di distinzione sociale, il frutto di una patologia. Dimenticando che la sua origine sta nella soddisfazione di un bisogno primario, solo talvolta portata all'eccesso per rispondere al nostro desiderio, alla nostra sete di potere, alle nostre psicosi.

Alterazioni Video accumula immagini per soddisfare il proprio bisogno primario di comunicare. La necessità fa l'uomo ladro: Alterazioni Video ruba immagini perché la civiltà occidentale non ha ancora messo a punto un'efficace alternativa al linguaggio verbale, che Alterazioni Video evita in ogni modo di usare. Da anni, il collettivo va costruendo un frasario fatto di sole immagini, che ha sperimentato nelle proprie opere, consolidato attraverso il proprio dialogo interno, per poi servirsene persino nelle interviste e nelle conferenze. Lì i membri del collettivo, muti, rispondono alle domande del pubblico con una rapidissima consultazione, fatta per lo più di sguardi, seguita dall'altrettanto rapida ricerca e dalla ostensione di un'immagine archiviata chissà dove sul loro computer.

La stessa necessità fa di Alterazioni Video non solo un ladro, ma anche un adulteratore: il materiale appropriato si mescola a quello prodotto, ed entrambi vengono sottoposti a un continuo processo di manipolazione, trasformazione, remix di cui si perde la cronologia. Opere d'arte, frammenti di cultura pop, immagini vernacolari, effettacci di postproduzione si ricombinano in un nuovo linguaggio nelle loro opere-archivio, da **Copy Right No Copy Right** (2005 - in corso) ai **Violent Paintings** (2010 – 2011), dalle installazioni alle performance fino al recentissimo **Olbania** (2011): una collezione di più di 600 (false) Polaroid che documentano un viaggio nell'Albania degli anni Novanta che non c'è mai stato, delicatamente manipolate con interventi individuabili solo a un secondo sguardo.

La delicatezza non rientra nella poetica dei **Violent Paintings**, che tengono traccia del dialogo interno del collettivo, zeppo di improperi. La violenza si ripercuote dal materiale sorgente - fotografie amatoriali, grafiche dozzinali, pornografia d'accatto - al lavoro di postproduzione - effetti di default, filtri e deformazioni d'ogni genere - al supporto, accartocciato e lacerato come si fa con gli scarti.

[DQ]

Alterazioni Video (IT)
www.alterazionivideo.com

Don't Eat the Yellow Snow, 2011.
Installation view, details
Digital prints on PVC
Courtesy Fabio Paris Gallery, Brescia

KARI ALTMANN

Hellblau (2008 – ongoing) is a project that consists in tracing the manifestations of a particular shade of blue (hellblau in German). According to Kari Altmann, this colour is often used as "an interface for control, distance, power, fetishization, lust, and omnipresent friendliness that acts as a sweet, high-pitched mask for deeper intentions". It is these uses that the artist traces, moving freely between logos, graphics and photos, between the corporate world and the game scene, mass entertainment (hellblau was the blue used in Avatar), daily life (hospital scrubs), consumer technology (a recurrent obsession), amateur porn, art and much more.

The work exists in two forms: a Tumblr account (http://hhellblauu.tumblr.com), where the artist collects the results of her research, and an installation consisting in an electric blue swimming pool where little polyurethane "icebergs" bearing images collected by Altmann float. Some of the fragments of ice collect outside the pool, in different positions. The very water they float in guarantees constant movement in any case.

Our instinctive tendency to prefer the material over the digital, and the finished work over research in progress, might lead us to view the blog as preparatory work for the creation of the installation, but this is not the case. It is actually the installation that represents a sort of temporary "lens" (a metaphor suggested by the round shape of the pool) focused on the infinite and continuous manifestations of hellblau in everyday life. Moreover, the same installation, as an image (or rather as multiple images taken by different users in different settings) and shared on the net, becomes part of the process, the umpteenth manifestation of hellblau (which does not reject the categories put forward by Altmann: is art, after all, not an interface of power, fetishization, desire? And is the pool not a reassuring presence that masks deeper intentions?)

The use of image aggregators as a research tool is a constant in Altmann's work: she has constructed her artistic identity in relation to every possible manifestation of the "database", intended as the structure that orders the contemporary world. This is what lies behind the name she uses in most of her online activity, "Blackmoth" (the first bug in the history of computing), and like a bug, she creates temporary interruptions in the system, forcing it to forge a new perception of itself.

[DQ]

Hellblau (2008 – in corso) è un progetto che consiste nel tenere traccia delle manifestazioni di una particolare tonalità di blu chiaro (hellblau in tedesco). Secondo Kari Altmann, questo colore è spesso usato "come un'interfaccia di controllo, distanza, potere, feticizzazione, desiderio, una presenza amichevole e ubiqua che maschera piacevolmente intenzioni più profonde". È di questi usi che l'artista tiene traccia, muovendosi liberamente tra loghi, grafici e fotografie, tra l'ambito corporativo e quello ludico, l'intrattenimento di massa (l'hellblau è anche il blu di Avatar), la vita quotidiana (i camici dei medici), le tecnologie di consumo (una sua persistente ossessione), la pornografia amatoriale, l'arte e molto altro ancora.

L'opera esiste in due forme: un account Tumblr (http://hhellblauu.tumblr.com), in cui l'artista va raccogliendo i risultati della sua ricerca; e una installazione consistente in una piscina blu elettrico piena d'acqua, in cui galleggiano dei piccoli "iceberg" di poliuretano su cui sono stampate alcune delle immagini raccolte da Altmann. Alcuni dei frammenti di ghiaccio si raccolgono al di fuori della piscina, e possono assumere diverse posizioni. La stessa acqua in cui galleggiano garantisce, del resto, una continua mobilità.

La nostra istintiva tendenza a prediligere il materiale al digitale, e l'opera finita alla ricerca in progress, potrebbe indurci a concepire il blog come un lavoro preparatorio che si esaurisce nella realizzazione dell'installazione, ma non è così. Piuttosto, è l'installazione a configurarsi come "lente" (metafora suggerita dalla circolarità della piscina) temporanea sull'infinita e continua manifestazione dell'hellblau nella realtà. Ma c'è di più: la stessa installazione, diventata immagine (o meglio, immagini, decine di fotografie digitali scattate da utenti diversi in diverse situazioni) e condivisa in rete, entra nel processo, diventando l'ennesima manifestazione dell'hellblau (che non sfugge alle categorie proposte da Altmann: non è forse l'arte un'interfaccia di potere, feticizzazione, desiderio? E non è forse la piscina una presenza rassicurante che maschera intenzioni più profonde?)

L'aggregatore di immagini come strumento di ricerca è una costante nel lavoro di Altmann, che è andata costruendo la propria identità artistica in relazione a ogni possibile manifestazione del "database", inteso come struttura ordinativa del mondo contemporaneo. Da qui, la scelta del nome "Blackmoth" (la tarma – *moth* – è stato il primo bug della storia dell'informatica), usato in gran parte della sua attività online per descrivere il proprio ruolo di baco che, interrompendo temporaneamente il funzionamento del sistema, lo forza a una nuova percezione di se stesso. [DQ]

Kari Altmann (US)
http://karialtmann.com

Hellblau, 2010.
Installation, detail. Courtesy the artist

CORY ARCANGEL

All
of Cory Arcangel's works are
based on one – or in most cases, more than one – prac-
tice of appropriation. His numerous modifications of videogames, from his early
Nintendo cartridges to the recent, monumental installation **Various Self Playing
Bowling Games** (2011), appropriate on the one hand both the hardware and
software of the videogames in question, and on the other, various production
and distribution tactics deployed by hackers. The series **Photoshop Gradient Demonstrations** (2008) appropriates, in the most simple, banal way possible, a
standard Photoshop effect and Greenberg-style flatness. A whole strand of his
work concerns pop music, with projects – including the recursive compression
of an Iron Maiden track (2004), a glockenspiel version of a Bruce Springsteen
album (2006) and a video self-produced for U2 (2009) – to vex the legal eagles
of the major record companies. His kinetic sculptures tip an ironic wink at mi-
nimalism (Sol LeWitt in particular), but were made by synchronising the "dancing
stands" that some shops use in their displays. The videos **Drei Klavierstucke op.
11, 1909** (2009) and **Paganini Caprice No. 5** (2011) revisit two classics of Western
musical culture, using as source material hundreds of videos from YouTube (cats
walking on piano keyboards in the former, heavy metal guitarists in the latter),
edited and mounted using a software of his own design. Lastly, the blog **Sorry
I Haven't Posted** (2010) uses an algorithm to gather and publish blog posts in
which a blogger apologises for his absence. The originality of all of Cory Arcangel's work, and the key to interpreting it, lies not in the material used, or in the
production process, but in the conceptual strategies that inform and underpin
both of the latter. **Since U Been Gone** (2011) is a collection of 48 CDs that traces
the musical family tree of the song in question by Kelly Clarkson, and the genre
it represents, punk pop: from The Ramones to Avril Lavigne, Nirvana to Paris
Hilton, Arcangel traces the development of the individual techniques and technologies that have led, almost formulaically, to this song. An essay in installation (and collection) form, the piece explores the standardisation of mass
culture, inviting us to follow its growth curve but also
to rediscover what got lost along
the way. [DQ]

Non
c'è lavoro di Cory Arcangel
che non si fondi su una – o, nella maggior parte dei casi,
più – pratiche di appropriazione. Le sue numerose modifiche di videogame –
dalle prime cartucce Nintendo alla recente e monumentale installazione **Various
Self Playing Bowling Games** (2011) si appropriano, da un lato, dell'hardware e
del software dei videogiochi utilizzati, e dall'altro di alcune pratiche produttive
e distributive del mondo hacker. Il ciclo **Photoshop Gradient Demonstrations**
(2008) si appropria, nella maniera più semplice e banale, di un effetto standard
di Photoshop e della flatness greenberghiana. Un intero filone del suo lavoro
si concentra sulla musica pop, con interventi – dalla compressione ricorsiva di
una traccia degli Iron Maiden (2004) alla versione "glockenspiel" di un album
di Bruce Springsteen (2006) al videoclip autoprodotto per gli U2 (2009) – da far
venire il capogiro agli avvocati delle major discografiche. Le sue sculture cine-
tiche ammiccano ironicamente alla tradizione minimalista (Sol LeWitt in particolare), ma sono realizzate sincronizzando i "dancing stand" usati in alcuni
negozi per esporre la merce. I video **Drei Klavierstucke op. 11, 1909** (2009) e **Paganini Caprice No. 5** (2011) rifanno due classici della tradizione musicale occidentale, usando come materiale sorgente centinaia di video di YouTube (gatti che
camminano su una tastiera nel primo caso, chitarristi metal nel secondo) editati
e montati con un software di sua concezione. Infine, il blog **Sorry I Haven't Posted** (2010) si serve di un algoritmo per raccogliere e ripubblicare i "blog post"
in cui un blogger si scusa per la sua temporanea assenza.
L'originalità, e la chiave interpretativa di tutto il lavoro di Cory Arcangel, non si
colloca né nel materiale utilizzato, né nel processo produttivo, ma nelle strategie
concettuali che di volta in volta giustificano e attivano entrambi. **Since U Been
Gone** (2011) è una collezione di 48 CD che traccia la genealogia musicale del-
l'omonima canzone di Kelly Clarkson e del genere che incarna, il punk pop: dai
Ramones ad Avril Lavigne, dai Nirvana a Paris Hilton, Arcangel ripercorre l'evoluzione delle singole tecniche e delle tecnologie che hanno prodotto, come risultato quasi scontato, questa canzone. Saggio in forma di installazione (e
collezione), il lavoro indaga l'alto livello di standardizzazione della cultura di
massa, invitandoci a seguirne la traiettoria ma anche a ri-
scoprire cosa si è perso lungo la
strada. [DQ]

Top: Paganini Caprice No. 5, 2011.
Video, color, sound, 3:41 min. Installation view
and video stills.
Bottom: Installation views of Various Self Playing
Bowling Games (aka Beat the Champ) and
Volume Management, 2011 at the Whitney
Museum of American Art, NY, 2011.
All images courtesy Team Gallery, New York

Cory Arcangel (US)
www.coryarcangel.com

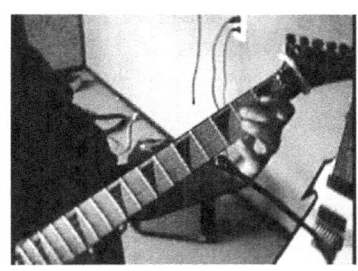

GAZIRA BABEL

For around four years (2006 – 2009), Gazira Babeli roamed the now increasingly desolate land of Second Life. It was the period when an inordinate amount of user involvement, as well as financial investments, made this simulated world, launched by the Californian company Linden Lab, into an overflowing landfill site for the imagination, a bottomless archive and venue for experimentation where artists, designers and amateurs created and swapped code, textures, skins, identities, objects, sexual attributes and animations, buildings and landscapes, weapons and viruses. Virtual goods of all kinds piled up in the shops, museums and sandboxes (the areas where the designers hid out to work) and were gifted or sold for a few Linden (the in-world currency).

Gazira appropriated anything and everything, and everything she got hold of acquired a new life after it passed through her hat (like all magicians, Gazira carried her spells in her top hat). There, strange codes activated the objects stockpiled in her archives: pop images rained down far and wide (**Grey Goo**, 2006), a huge tap spewed out objects of all kinds and sizes to the sound of the Ursonate (**Ursonate in Second Life**, 2007), hundreds of portraits of other avatars piled up at the foot of a staircase (**Nudes Descending a Staircase**, 2007), and their skins were hung up like sheets in a laundry (**Save Your Skin**, 2007).

Her first show (**Collateral Damage**, March 2007) – staged only a year from her birth – was already an archive, of her work and herself (on sale at the knockdown price of one Linden). When the show ended, it was all archived on the island of Locus Solus. And when it became technically possible, the individual works began to migrate from Second Life server space to dedicated computers, where they ran as independent programmes.

This was the case for **Save Your Skin**, a collection of "skins" filched from their rightful owners, smuggled out of Second Life and presented in an independent setting. On one hand this operation documents a significant episode in the representation of the self on the net, while on the other it "frees" these portraits from a dual brand of ownership: that of their respective creators, and that of the corporate software used to produce them.

Open source identities.

[DQ]

Per circa quattro anni (2006 – 2009), Gazira Babeli ha scorrazzato per le lande, ora sempre più desolate, di Second Life. Era il momento in cui uno straordinario investimento emotivo ed economico facevano di questo mondo simulato, lanciato nel 2003 dall'azienda californiana Linden Lab, una strabordante discarica dell'immaginario, un archivio infinito, un luogo di sperimentazione in cui artisti, designer e dilettanti creavano e si scambiavano codici, *texture*, pelli, identità, oggetti, attributi e animazioni sessuali, edifici e paesaggi, armi e virus. Merci virtuali di ogni specie si accatastavano nei negozi, nei musei, nelle sandbox (i luoghi in cui i programmatori si ritiravano a lavorare), e venivano regalate o vendute per pochi Linden (la moneta locale). Gazira si appropriava di tutto, e tutto acquistava una nuova vita una volta passato attraverso il suo cappello (come tutti i maghi, Gazira portava i suoi incantesimi nella tuba). Lì, strani codici attivavano gli oggetti accatastati nei suoi archivi: immagini pop cadevano a pioggia da ogni dove (**Grey Goo**, 2006) un enorme rubinetto sputava oggetti di ogni genere e dimensione al ritmo dell'Ursonate (**Ursonate in Second Life**, 2007), centinaia di ritratti di altri avatar si accumulavano ai piedi di una scala (**Nudes Descending a Staircase**, 2007), e le loro pelli venivano stese come lenzuola in una lavanderia (**Save Your Skin**, 2007).

La sua prima mostra (**Collateral Damage**, marzo 2007) era già – a un anno dalla sua nascita – un archivio, della sua produzione e di se stessa (in vendita al prezzo stracciato di un Linden). A mostra conclusa, il tutto fu archiviato sull'isola di Locus Solus. E quando divenne tecnicamente possibile, i singoli lavori cominciarono a migrare dallo spazio server di Second Life a computer dedicati, dove giravano come software autonomi. È il caso di **Save Your Skin**, una collezione di pelli "rubate" ai legittimi proprietari, trafugate da Second Life e ora riproposte in un ambiente autonomo. In una operazione che da un lato archivia un momento significativo della rappresentazione dell'identità in rete, e dall'altro "libera" questi ritratti da un duplice vincolo di proprietà: quello che li lega ai rispettivi autori e quello che li lega al software corporativo in cui sono stati prodotti. Identità open source. [DQ]

Gazira Babeli (IT)
http://gazirababeli.com

Save Your Skin, 2007 - 2011.
Stolen skins environment, standalone software.
Courtesy the artist and Fabio Paris Gallery, Brescia

KEVIN BEWERSDORF

It is possible to disappear from the internet? Delete one's online identity? Kevin Bewersdorf is an actor, musician, philosopher and artist born in Illinois in 1980. As an actor, he played one of the leading characters in **LOL** (2006), produced and directed by Joe Swanberg, as well as contributing to the script and writing the soundtrack. The film tells the story of three friends attempting to strike a balance between fantasies generated by the web and the demands of real life. As an artist, Bewersdorf was very active on the net between 2007 and 2009, before stopping completely and attempting to cancel all traces of his presence on and off line. He emptied his personal archive maximumsorrow.com, replacing it with a new homepage, purekev.com: a site/performance that features a white flame against a blue background ("my light on the web"), destined to shrink a little smaller every day, to its current tiny size. Bewersdorf has not managed to wipe his entire artistic "identity" off the net. There remain his posts on Spirit Surfers, the blog he co-founded and worked on up to 2009, listed under the username "INFOpruner". There remains the wonderful essay published on the blog Art Fag City in 2008, an analysis of images of prayer in commercial image banks, comparing the glossy, fake religiosity of the images with the authentically sacrosanct nature of their watermarks – the logo superimposed to prevent free use. There remain random interviews, articles and comments, a few animated gifs, the photos of a few works. Not much to get a complete picture of the artist, but enough to turn any web surfer who comes across these fragments and perceives their transient nature into a keen collector. In a 2007 essay he wrote: "I would drop [my laptop] off a cliff without hesitation (a computer is just one of many portals to the INFOspirit). The seeds of my data are already safely spread across the web, and this data is what concerns me." Rather than being a nihilist strategy, his next move actually seems to be an act of complete faith in the passion for collecting of those who surf the web: what really counts will be saved thanks to them. Among Bewersdorf's few objectual works, the series **Google Image Search Results For...** (2007 – 2009) takes the form of a series of everyday items (mugs, mousepads, cushions, tablecloths) ordered from the site Walgreens.com, that the artist had printed with the first result from Google Images in response to a given search. The artist stated: "The art object in 'gallery space' for me can only represent a limitation, a disappointment. I try to deal with this by presenting the object itself as pathetic and mediocre, but the information it conducts as sacred." Banal and second-rate, these objects convey something extremely volatile, subject as it is to the dynamics of the web and search engine rankings. It is this volatility that makes it special. It is this volatility that Bewersdorf pursues, shunning the daily marketing activities that enable an artist's works to stay visible, but not always alive. [DQ]

Google Image Search Result for "Exhausted"
Printed onto Blanket, Tie, Dog Leash and
Golf Towel by Walgreens.com, 2009. Mixed
media, 78 x 72 x 3 inches, unique.
Courtesy Postmasters Gallery, New York

È
possibile sparire da inter-
net? Cancellare la propria identità online? Kevin Be-
wersdorf è un attore, musicista, filosofo e artista nato in Illinois nel 1980. Come
attore, è stato uno dei protagonisti di **LOL** (2006), prodotto e diretto da Joe Swanberg, di cui ha collaborato alla sceneggiatura e ha scritto la colonna sonora. Il
film racconta del tentativo di tre amici di trovare un equilibrio tra le fantasie prodotte dalla rete e le esigenze della vita reale. Come artista, Bewersdorf è stato
molto attivo in rete tra il 2007 e il 2009, per poi interrompere ogni attività e cercare di cancellare ogni sua traccia, online e offline. Ha svuotato il suo archivio
personale, maximumsorrow.com, e l'ha rimpiazzato con una nuova homepage, pu-
rekev.com: un sito-performance che ospita, su uno sfondo blu, una fiamma bianca
("my light on the web"), destinata a ridursi di giorno in giorno fino alle minuscole
dimensioni attuali.

Bewersdorf non è riuscito a cancellare la sua intera "identità" artistica dalla
rete. Rimangono i suoi post su Spirit Surfers, il blog che ha co-fondato e a cui
ha collaborato fino al 2009, listati sotto l'utente "INFOpruner". Rimane lo splendido
saggio pubblicato nel 2008 sul blog Art Fag City, un'analisi delle immagini di pre-
ghiera delle banche dati commerciali, in cui metteva a confronto la loro falsa, patinata sacralità con quella, autentica, del "watermark", il logo sovrimpresso per
renderle inutilizzabili nella loro forma gratuita. Sono rimaste interviste, articoli
e commenti sparsi, alcune gif animate, le fotografie di alcuni lavori. Poco per of-
frirci un ritratto completo dell'artista; abbastanza per convertire il navigatore
che si imbatte in questi frammenti e ne scopra la caducità in un vorace collezionista. In un testo del 2007 scriveva: "Butterei il mio laptop da un dirupo senza
esitazione (un computer è solo uno dei molti portali sullo spirito dell'informazione). I miei dati sono già al sicuro, disseminati in giro per la rete, ed è di questi
dati che mi importa." Più che una scelta nichilista, la sua mossa successiva sembra un atto di fede assoluta nella passione collezionistica dei navigatori: ciò che
veramente conta si salverà grazie a loro.

Fra le poche opere oggettuali di Bewersdorf, il ciclo **Google Image Search Results
For...** (2007 – 2009) comprende una serie di oggetti comuni (tazze, mousepad, cu-
scini, tovaglie) ordinati sul sito Walgreens.com, su cui è stato fatto stampare il
primo risultato restituito da Google Images in risposta a una determinata ricerca.
Ha dichiarato l'artista: "l'oggetto d'arte nello spazio della galleria rappresenta per
me solo una limitazione, un disappunto. Lo esprimo presentando l'oggetto stesso
come patetico e mediocre, ma l'informazione che veicola è sacra". Patetici e me-
diocri, questi oggetti tramandano qualcosa di estremamente volatile, soggetto
com'è alle dinamiche della rete e al ranking dei motori di ricerca. È questa volatilità che lo rende sacro. È questa volatilità che Bewersdorf persegue, astenen-
dosi da quel marketing quotidiano che consente al lavoro di un
artista di mantenersi sempre visibile, ma non
sempre vivo. [DQ]

Kevin Bewersdorf (US)
www.purekev.com

Google Image Search Result for 'Beach
Day' Printed onto a Throw, Pillow, Mug,
and Baseball by Wallgreens.com, 2009.
Mixed media, 12 x 24 x 12 inches.
Courtesy of Postmasters Gallery, New York

Luca Bolognesi

Tran-
sience, dissolution and con-
servation are themes that recur constantly in the work
of Luca Bolognesi. His chosen emblem is a soap bubble captured in transparent synthetic resin to preserve it as long as possible.

His **Pinocchio** (2007) battles against a life sentence of durability, bashing its wooden nose against the screen until its head is smashed in. **Smilers** (2008 – ongoing) is a series of videos in which the subjects, filmed front on against a neutral background, are asked to keep smiling for as long as possible. Here Bolognesi focuses on the creepy, unsettling effects of conservation: as per stuffed animals or faces deformed by plastic surgery. In the attempt to preserve something as ephemeral as beauty, we irrevocably destroy its magic. By its very nature, a smile is something spontaneous and immediate: preserving it makes it unnatural, a ghastly, tragicomic smirk. In other videos he takes on the absurd vitality of a lizard's tail, the ephemeral beauty of a fighting fish, and the poignant beauty of an island where seagulls go to die.

Algorithms (2009) is a series of drawings done by a mechanical pen that translates algorithms extrapolated from a series of electronic devices into movement. This pen is then destroyed once the drawing is finished. On one hand the drawings lend a concrete presence to the immaterial process that created them, while on the other they perpetuate and translate into beauty a series of human artefacts (the algorithms) whose duration is bound up with their function: to operate a washing machine, control a video recorder, etc.

Backup (2008 – ongoing), on the other hand, tackles the ephemeral world of digital data. The work is an ongoing archive that currently consists in more than 30,000 images of "business portraits" sourced on the net, transferred onto slides and grouped into around 200 professions. The images are taken from corporate websites or those of individual professionals, where they are used to bear witness to the professional credibility of the company or individual.

Such images frequently change or disappear altogether. The archive saves them from oblivion, documents a specific style of visual communications and creates an ongoing catalogue of the professions of our time.

Responding to the public nature of the setting the images come from (the net), Bolognesi "manifests" his archive by means of temporary screenings in public areas, the external walls of buildings in particular.

[DQ]

L'e f -
fimero, la dissoluzione e la conservazione sono temi che ritornano costantemente nel
lavoro di Luca Bolognesi. Il suo emblema l'ha trovato nella bolla di sapone che
l'artista ha imprigionato in una resina sintetica trasparente, in modo da preser-
varla il più a lungo possibile. Il suo **Pinocchio** (2007) lotta contro la dannazione
del persistente, sbattendo il naso di legno contro lo schermo fino a spaccarsi
la testa. **Smilers** (2008 – in corso) è un ciclo di video in cui i soggetti, ripresi
frontalmente su fondale neutro, sono invitati a mantenere il sorriso più a lungo
possibile. Qui, Bolognesi si concentra sugli aspetti inquietanti e orrifici della
conservazione: quelli che rinveniamo in un animale tassidermizzato, o in un
volto deformato dalla chirurgia estetica. Nel tentativo di preservare un valore
effimero come la bellezza, ne distruggiamo irrimediabilmente la magia. Un sorriso
è, per sua natura, spontaneo e immediato: conservarlo lo rende innaturale, e lo
trasforma in un ghigno tragicomico e sofferente. Altri suoi video si confrontano
con l'assurda vitalità di una coda di lucertola, l'effimera bellezza di un pesce
combattente, il fascino struggente di un'isola che i gabbiani hanno scelto per
andarvi a morire. **Algorithms** (2009) è una serie di disegni realizzati da una
penna meccanica che traduce in movimento algoritmi estrapolati da una serie
di dispositivi elettronici. Dopo la realizzazione del disegno, la penna viene di-
strutta. Da un lato, i disegni danno consistenza materica al processo immateriale
che li ha creati; dall'altro perpetuano, traducendoli in bellezza, una serie di artefatti umani (gli algoritmi) la cui durata è vincolata alla funzione: attivare una
lavatrice, controllare un videoregistratore, ecc.
Backup (2008 – in corso) si confronta, infine, con l'effimero dei dati digitali. Il
lavoro è un archivio in continuo aggiornamento che consiste, al momento, di più
di 30.000 immagini di "business portraits" recuperate in rete, trasferite su dia-
positiva e catalogate in circa 200 professioni. Le immagini vengono prelevate da
siti aziendali o di singoli professionisti, dove testimoniano la credibilità professionale dell'individuo e dell'azienda. Il ricambio o la sparizione sono molto fre-
quenti. L'archivio li salva dalla nemesi, documenta uno stile specifico di
comunicazione visiva e viene a creare un catalogo *in progress* delle professioni
del nostro tempo. Rispondendo alla natura pubblica del contesto da cui le immagini sono prelevate (la rete), Bolognesi "manifesta" il suo archivio attraverso
proiezioni temporanee nello spazio pubblico, in parti-
colare sulle pareti esterne degli
edifici. [DQ]

Backup, 2008 - ongoing. Images archive, slides projections, variable dimensions. Courtesy the artist

NATALIE BOOKCHIN

Databank of the Everyday is the title of Natalie Bookchin's first work: a CD-ROM published in 1996 that gathers a vast number of looped videos. The videos document banal episodes in the artist's everyday life, and are organised into different categories, following the model of commercial image banks. As the artist explains: "The project reflects on what media - from photography to computers - have always attempted to do: represent, organize and catalogue life into well-defined lists and categories [...] If photography and the desire to voraciously collect visual data emerged from 19th Century Positivism, 21st Century information fetishization and the subsequent need for control leads to a new more efficient method of cataloguing and storing information: the databank." This fascination with databases has now re-emerged ten years on, in a media situation that has been completely transformed. Platforms like Flickr and YouTube have translated the concept of **Databank of the Everyday** into powerful businesses, endless archives in which the same banal gesture, the same insignificant detail, is replicated countless times by countless users. Bookchin dives into these archives and emerges with hundreds of fragments that she reorganises and recomposes in her video installations.

As she explains in an interview, "The clips I began to collect were photographic and filmic documents, indexical accounts of the world, source material with documentary potential". The works she creates from these not only reject the single gaze of traditional cinema, but also the fragmented, horizontal approach of the database, combining stories in a single, compact narration. A host of individual voices converge in a single collective voice, that the artist has compared to the chorus in a Greek tragedy. The comparison holds for **Mass Ornament** (2009), which is a chorus, not of voices, but of dance routines performed by dozens of teenagers filming themselves on webcam to publish on YouTube.

Bookchin synchronises these fragments, attracting our attention to the two opposite poles – individualism and standardisation – between which these performances lie, putting them into relation with an era – that of Fordism, synchronised dance troupes and the films of Leni Riefenstahl – that is not so very distant after all.

In the four channel installation **Testament** (2009 - 2011), which also includes **I Am Not**, the video diaries (vlog) that Bookchin draws on document other social issues: job loss, addiction to psychodrugs, homophobia and homosexuality, race and social class. Bookchin creates a 3D, discontinuous flow of information, in which individual accounts emerge like glimmers of light, forming different structures – from the modernist grid of **My Meds** to the apparent disorder of **I Am Not** – and moving at different paces. [DQ]

Databank of the Everyday è il titolo del primo lavoro di Natalie Bookchin: un CD-ROM pubblicato nel 1996 che raccoglie un gran numero di brevi video in loop. I video documentano momenti prosaici della vita quotidiana dell'artista, e sono organizzati in diverse categorie secondo il modello delle banca dati commerciali. Spiega l'artista: "Il progetto indaga ciò che i media - dalla fotografia al computer - hanno sempre tentato di fare: rappresentare, organizzare e catalogare la vita in una ben definita lista di categorie. [...] Se la fotografia e il desiderio di collezionare avidamente immagini nascono dal Positivismo del XIX secolo, la feticizzazione dell'informazione del XXI secolo e il conseguente bisogno di controllo conducono a un nuovo metodo, ancora più efficiente, per catalogare e archiviare l'informazione: la banca dati."

Questa fascinazione per il database riemerge, in un contesto mediatico completamente mutato, quasi dieci anni dopo. Piattaforme come Flickr e YouTube hanno tradotto il concetto di **Databank of the Everyday** in potentissime strutture commerciali, archivi infiniti in cui lo stesso gesto banale, lo stesso dettaglio insignificante viene replicato innumerevoli volte da innumerevoli utenti. Bookchin si immerge in questi archivi, e ne riemerge con centinaia di frammenti che riorganizza e ricompone nelle sue videoinstallazioni. "Le clip che cominciai a collezionare erano documenti fotografici e filmici, tracce indicali del mondo, materiale sorgente con potenzialità documentarie", spiega in una intervista. I lavori che ne trae, se da un lato rinunciano allo sguardo unico del cinema tradizionale, dall'altro rifiutano anche l'orizzontalità frammentaria del database, riunendo storie diverse in un'unica, compatta narrazione. Tante voci individuali convergono in un'unica voce collettiva, che l'artista ha paragonato al coro delle tragedie greche. Il paragone funziona anche per **Mass Ornament** (2009), in cui a parlare in coro non sono le voci, ma le performance di danza di decine di teenager che si filmano con la webcam, per poi pubblicare il video su YouTube. Bookchin sincronizza questi frammenti, attirando la nostra attenzione sui due poli - individualismo e standardizzazione - tra cui le performance si muovono, e mettendoli in rapporto dialettico con un'era - quella del fordismo, dei corpi di danza sincronizzata e dei film di Leni Riefenstahl - che non è poi così lontana. Nell'installazione a quattro canali **Testament** (2009 - 2011), di cui fa parte anche **I Am Not**, i video diari (vlog) a cui attinge Bookchin raccontano altre problematiche sociali: la perdita del lavoro, la dipendenza da psicofarmaci, l'omofobia e l'omosessualità, la razza e le classi social.. Bookchin crea un flusso informativo tridimensionale e discontinuo, da cui i singoli testamenti emergono come bagliori, organizzandosi secondo strutture - dalla griglia modernista di **My Meds** all'apparente disordine di **I Am Not** - e ritmi differenti. [DQ]

Natalie Bookchin (US)
http://bookchin.net

Testament, 2009. Four channel video installation.
Courtesy the artist

Laid Off, 2009. Single channel video installation,
4 min. Courtesy the artist

I Am Not, 2009. Single channel video installation,
2 min. Courtesy the artist

Petra Cortright's site is a riot of gifs and glitter effects, standard animations that can be found free of charge in their thousands online, along with emoticons, globes in perpetual rotation, and flashing but misspelt messages ("click heer", "hello & wecolme", "websiet"): an essay on amateur aesthetics concentrated on a single page, light years removed from the clean, functional structures that characterise the web today.

All of Petra Cortright's work engages with the artless, low res aesthetic that characterises most of the amateur content available on the net, the visual language of the Web 2.0 generation. This is particularly evident in her videos: lay productions made without professional tools or techniques, often filmed directly using a webcam and exploiting trite default effects in a consummate imitation of vernacular web style.

Most of these videos follow a recurrent pattern, with the artist engaged in jejune performances enhanced with second-rate effects.

In **SSSSSSSSSSSSWWWWRRRRRLLLLLL** (2008) Petra plays with a deforming effect that acts on any object in movement at the centre of the shot; in **Holy Tears** (2009) digital tears flow from her eyes every time she blinks; in **666 Smielyz** (2008) her face is covered by emoticons that alternate at breakneck speed; **vvebcam** (2007), perhaps the mother of all these works, shows Cortright captured by her webcam as she is intent on activating a long series of insignificant graphic animations that roll past on the screen.

The Web is increasingly becoming a social space whose inhabitants share a certain number of rules, and a common culture and language with its own conventions and syntax: an idiom that Cortright is intimately acquainted with, and that she exploits in a surprisingly sophisticated way to talk to two different sets of viewers: the art public, capable of appreciating the subtle differences that turn an amateurish video into a revelation, and bored web users, who come across her works misled by their tags. These, for example, are the tags of **vvebcam**: "tits vagina sex nude boobs britney spears paris hilton jordan capri".

[MC]

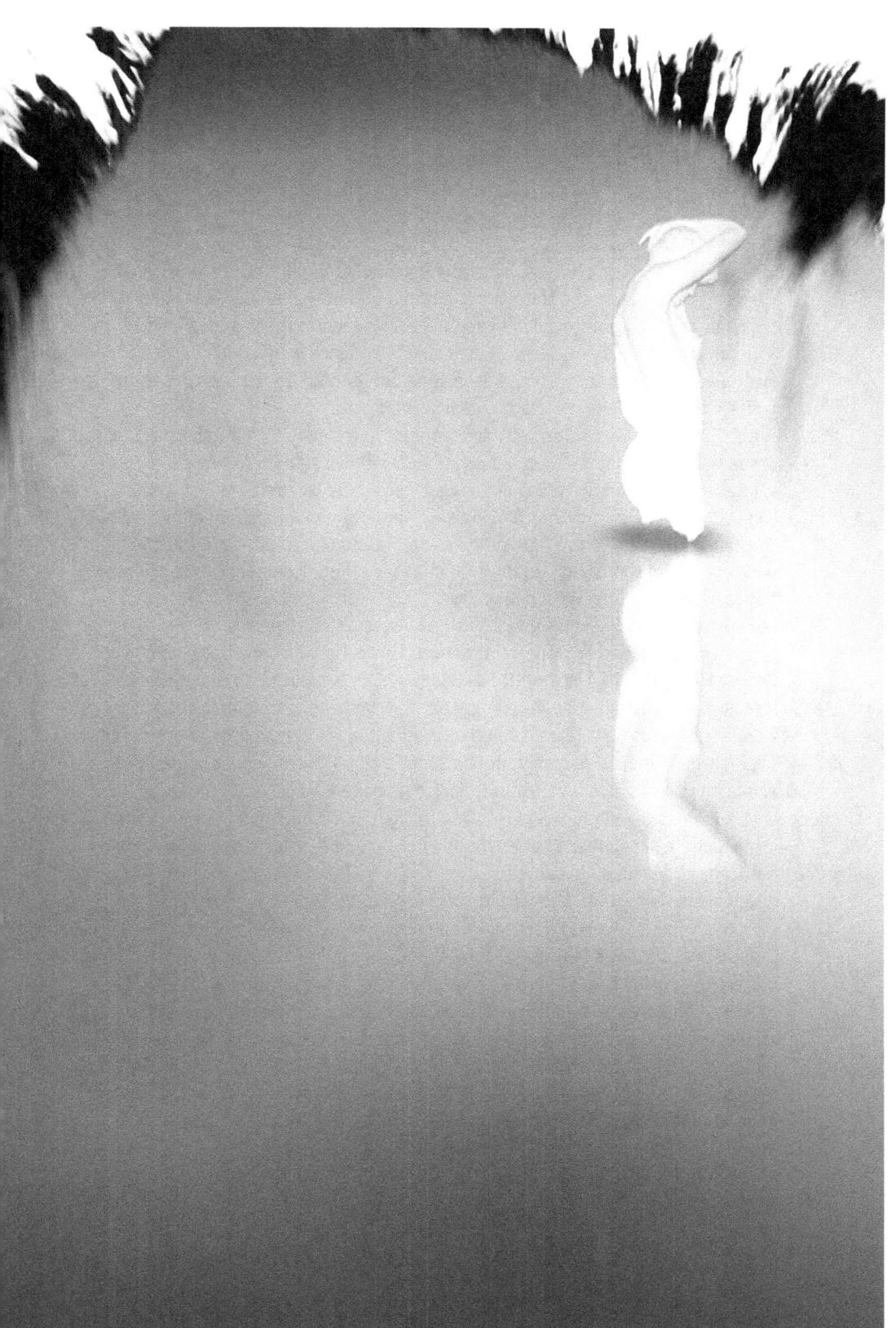

Il sito di Petra Cortright ci accoglie con un tripudio di gif e glitter, animazioni standard di quelle che si trovano a migliaia gratuitamente online, e poi emoticon, globi terrestri in rotazione perenne, parole luccicanti ma scritte in modo non corretto ("click heer", "hello & wecolme", "websiet"): un saggio di estetica amatoriale concentrato in una sola pagina, lontano anni luce dalle strutture pulite e funzionali che caratterizzano il web odierno.

Tutto il lavoro di Petra Cortright si confronta con l'estetica dilettantesca e a bassa risoluzione che è il marchio di fabbrica della maggior parte dei contenuti amatoriali disponibili in rete, il linguaggio visivo della generazione del Web 2.0. Lo si vede, in particolare, nei suoi video: essi stessi amatoriali, realizzati senza l'ausilio di strumenti o tecniche professionali, spesso girati direttamente con la webcam e incentrati sullo sfruttamento di banali effetti di default, in una mimesi perfetta dello stile del web vernacolare.

La maggior parte di questi video segue uno schema ricorrente che vede l'artista stessa esibirsi in performance del tutto ordinarie arricchite con effetti dozzinali. Così in **SSSSSSSSSSSSSWWWWRRRRRLLLLLL** (2008) Petra gioca con un effetto deformante che agisce su qualsiasi oggetto in movimento si trovi nel centro dell'inquadratura; in **Holy Tears** (2009) lacrime digitali le scendono dagli occhi ad ogni movimento delle palpebre; in **666 Smielyz** (2008) il suo volto è coperto da emoticon che si succedono ad un ritmo frenetico; **vvebcam** (2007), forse l'opera madre di questa serie di lavori, mostra Cortright inquadrata dalla propria webcam mentre è impegnata ad azionare una lunga serie di insulse animazioni grafiche che scorrono sullo schermo.

Il Web si sta delineando sempre più come uno spazio sociale i cui abitanti condividono un certo numero di regole, una cultura e un linguaggio comuni con le proprie convenzioni e la propria sintassi: un idioma che Cortright conosce alla perfezione, e che sfrutta in maniera sorprendentemente raffinata per parlare a due tipi di pubblico: quello dell'arte, che sa apprezzare il piccolo scarto che trasforma un video banale in una rivelazione; e quello degli annoiati utenti di internet, che si imbattono nei suoi lavori fuorviati dalle parole chiave (tag) che li introducono. Ecco, ad esempio, quelle di **vvebcam**: "tits vagina sex nude boobs britney spears paris hilton jordan capri". [MC]

Petra Cortright (US)
http://petracortright.com

VVebcam, 2007. Webcam Video File, edition of 3 + 1 AP.
Courtesy the artist and Gloria Maria Gallery, Milan

0:23 / 1:42

ALEKSANDRA DOMANOVIC

Anhedonia (2007) is a full-length remake of Woody Allen's film Annie Hall (1977). The remake preserves the film's original soundtrack, while the visual narration is entirely replaced by a selection of films and photographs taken from the Getty Images database, each bearing the classic "watermark". The images and videos were not selected at random, but based on key words in the screenplay. This is the main reason why Aleksandra Domanović used Getty Images rather than videos downloaded from YouTube, as she had originally intended: while on social platforms the descriptions of the content are given by the users, and often debatable, in image banks they are as objective and functional as possible. This meant that the artist was able to reconstruct the story with materials that, while foreign to the film, are pertinent according to the cold, impersonal logic of the database. Domanović replaces one level of visual info with another, creating a new object that oscillates between literal meaning and allegory.

The choice of title also reflects this. **Anhedonia** was the first title given to Allen's film, later rejected for questions of marketing. In psychoanalysis this term describes the inability to derive pleasure from situations would normally generate it. This apathy also applies to the nature of the new visual wallpaper, further strengthened by the omnipresence of the watermarks, pointing up the inhuman nature of the corporate identity.

Archives are a constant in Domanović's work, used as a container to draw from, a power structure to violate (this can be seen in **Anhedonia**, every frame of which shows its systematic breach of intellectual property rights) or an alternative structure to construct.

This is what happens in her most recent works, the video-essay **Turbo Sculpure** (2010) and the project **19:30** (2010 – ongoing). In the former, Domanović, a Serbian artist based in Berlin, reconstructs the story of what she calls the "turbo sculptures", public monuments dedicated to international film stars – from Bruce Lee to Rocky Balboa – that have sprung up in former Yugoslavia as a kitsch, over the top manifestation of their embracing of globalised culture. The video adopts a slideshow modus operandi, overlaying the images found, indifferent to the fact that the new images completely hide the previous ones or not. **19:30**, on the other hand, is a complex on and off line research project that scopes the length and breadth of former Jugoslavia in search of TV news jingles from the 1970s to the present. The results of this search have been documented, compiled into an archive and made available to various DJs to be remixed. In this sense, as Brian Droitcour notes, her collection of digitalised sounds is not an archive of dead fragments, but "an active library, where audible pieces of public memory gain new life".
[DQ]

Anhedonia (2007) è un re-
make integrale del film di Woody Allen Annie Hall
(1977). Nel remake viene mantenuta la colonna sonora del film, mentre la narrazione visiva è interamente sostituita da una selezione di fotografie e filmati
rubati alla banca dati Getty Images, ciascuno con il classico "watermark". Immagini e video non sono scelti a caso, ma sulla base delle parole chiave con-
tenute nella sceneggiatura. È questa la principale ragione per cui Aleksandra
Domanović si è affidata a Getty Images invece di usare, come si era proposta
inizialmente, video scaricati da YouTube: se nelle piattaforme sociali la descri-
zione dei materiali per parole chiave è affidata alle scelte, spesso discutibili,
degli utenti, nelle banche dati è fatta nella maniera più obiettiva e funzionale
possibile. Questo consente all'artista di ricostruire la narrazione con materiali
che, per quanto estranei, sono pertinenti secondo la fredda e impersonale logica
del database. Domanović rimpiazza un livello di informazione visiva con un altro,
producendo un nuovo oggetto che oscilla tra il senso letterale e l'allegoria.
Anche la scelta del titolo va in questa direzione. **Anhedonia** era il primo titolo,
poi bocciato per ragioni di marketing, del film di Allen. In psicanalisi, il termine
descrive l'incapacità di provare piacere in occasioni che normalmente dovreb-
bero indurre a questo. Tuttavia, l'apatia descrive anche la natura del nuovo tappeto visivo, ulteriormente rafforzata dall'onnipresenza del watermark, che
rimanda alla natura inumana dell'identità corporativa.
L'archivio è una presenza costante nel lavoro di Domanović, come contenitore
in cui pescare, struttura di potere da violare (è il caso di **Anhedonia**, che manifesta a ogni frame la sua sistematica violazione della proprietà intellettuale)
o struttura alternativa da costruire. È quanto accade nei suoi lavori più recenti,
il video-saggio **Turbo Sculpure** (2010) e il progetto **19:30** (2010 – in corso). Nel
primo Domanović, artista serba di stanza a Berlino, ricostruisce la vicenda di
quelle che chiama "turbo sculture", monumenti pubblici a personalità interna-
zionali dello spettacolo – da Bruce Lee a Rocky Balboa – fioriti in area ex-iugo-
slava come manifestazione kitsch ed eccessiva dell'adesione a una cultura
globalizzata. Il video adotta la modalità della slideshow, sovrapponendo immagini
trovate senza curarsi che le successive nascondano completamente le precedenti
o meno. **19:30** è invece un complesso progetto di ricerca svoltosi online e offline,
percorrendo tutta la ex Iugoslavia alla ricerca dei jingle dei notiziari televisivi
che si sono succeduti dagli anni settanta a oggi. I risultati di questa ricerca sono
stati documentati, compilati in un archivio e messi a disposizione di diversi deejay
per essere remixati. In questo senso, come ha notato Brian Droitcour, la sua collezione di suoni digitalizzati non è un archivio di morti frammenti, ma una "li-
breria attiva, in cui frammenti sonori della memoria
collettiva acquistano nuova vita".
[DQ]

1089-10

Anhedonia, 2007. 90 min video (DVD, PAL), video stills.
Courtesy the artist

1204-27

HARM VAN DEN DORPEL

Over the years Harm van den Dorpel has developed a modus operandi that, while not strictly collage, metaphorically references it. The type of collage in question, it should be underlined, is mobile and 3D, not because it features objects (rather than images), but because it is based on a three-dimensional network of connections and relations between the various elements, in a mutable scheme of overlays and transparencies. Van den Dorpel applies this method to everything he produces, from individual works to the construction of his image as an artist. For years his website has changed almost daily, sometimes looking like a complete portfolio, sometimes offering a selection of works, and sometimes burying them behind an impenetrable interface or removing them from the net altogether. He has now achieved an illusion of stability thanks to an associative browser of his own design: a programme that reorganises the contents of his archive around the work selected by the visitor, rejecting a linear chronological list (or any other kind of empirical order) in favour of a flow of "associations" controlled by the software. A quote (from the classic A Study on Thinking, 1956) emerges here and there to explain this behaviour: were it not for his ability to categorise, man would be submerged in complexity; "to categorize is to render discriminably different things equivalent, to group the objects and events and people around us into classes and to respond to them in terms of their class membership".

This is exactly what happens in Van den Dorpel's works, as is evident in the video **Strategies** (2011): a hypnotic "manifesto" of phrases that, at a closer look, turn out to be old adages (though not for that reason to be underestimated) and images that layer up and merge imperceptibly into one another: graphic elaborations integrated into previous works of sculpture or collage, photographs of installations by the artist, appropriated images, design objects, etc. In the same way, motifs and images flow from one work to another: digital collages and assemblages, installations and sculptures, videos and websites, paintings. As he writes: "objects have lost exclusive singular spatial properties. They exist and manifest in fluid forms through different media. In this, there is no moral hierarchy or pure differentiation in authenticity". This explains the freedom with which he moves from one language to another, which is first and foremost indifference to the material nature of the individual languages: everything can be worked into a collage, because a collage is above all a mental assemblage.
[DQ]

Real Collages, 2010.
Digital prints, 100×70 cm.
Courtesy the artist

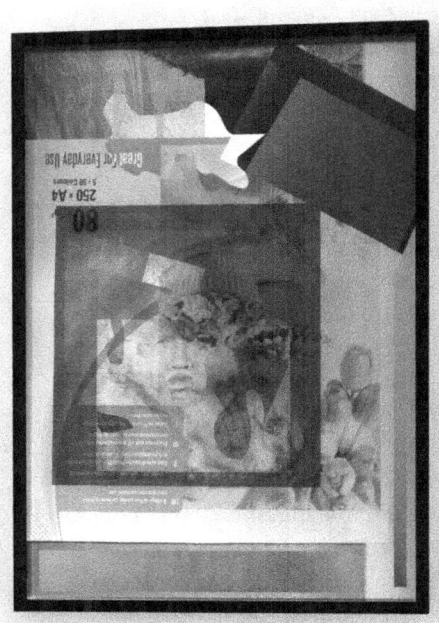

Nel corso degli anni, Harm van den Dorpel ha messo a punto un modo di lavorare che trova nel collage il suo referente metaforico, più che il suo linguaggio strettamente inteso. Si tratta, è importante sottolinearlo, di un collage mobile e tridimensionale, non perché si basi su oggetti (invece di immagini), ma perché tridimensionale è la rete di collegamenti e relazioni che si intreccia tra i suoi vari elementi, e mutevole è lo schema delle sovrapposizioni e delle trasparenze. Van den Dorpel applica questo metodo a tutto quello che produce, dal singolo lavoro alla costruzione della propria immagine come artista. Per anni, il suo sito internet è andato cambiando a un ritmo quasi quotidiano, a volte assumendo l'aspetto di un portfolio completo, altre offrendo una selezione di lavori, altre ancora seppellendoli dietro un'interfaccia impenetrabile o cancellandoli dalla rete; infine, ha trovato una illusoria stabilità grazie al browser associativo da lui ideato, un software che riorganizza, di volta in volta, i contenuti del suo archivio attorno al lavoro scelto dal visitatore, rinunciando alla linearità dell'elenco cronologico (o a qualsivoglia altro ordine empirico) a favore di un flusso di "associazioni" controllato dal programma. Qua e là una citazione (dal classico A Study on Thinking, 1956) emerge a spiegare questo comportamento: se non fosse per la sua capacità di categorizzare, l'uomo sarebbe sovrastato dalla complessità; "categorizzare significa rendere equivalenti cose di poco differenti, raggruppare oggetti, eventi e persone attorno a noi in classi e interagire con loro sulla base della loro appartenenza a una classe."

È esattamente ciò che accade nei lavori di Van den Dorpel, come risulta evidente nel video **Strategies** (2011): un ipnotico "manifesto" fatto di frasi che si rivelano, a una analisi più attenta, luoghi comuni (ma non per questo da sottovalutare) e di immagini che si stratificano e si dissolvono impercettibilmente l'una nell'altra: elaborazioni grafiche già integrate in precedenti lavori di scultura o collage, fotografie di installazioni dell'artista, immagini appropriate, oggetti di design, ecc. Allo stesso modo, motivi e immagini fluiscono da un lavoro all'altro: collage digitali e assemblaggi, installazioni e sculture, video e siti web, dipinti. Ha scritto: "Gli oggetti non hanno più caratteristiche spaziali individuali. Esistono e si manifestano in forme fluide attraverso diversi media. In questo, non c'è una gerarchia morale o una distinzione pura in termini di autenticità." Da qui la libertà con cui si muove da un linguaggio all'altro, che è prima di tutto indifferenza nei confronti della materialità dei singoli linguaggi: tutto può rientrare in un collage, perché un collage è, prima di tutto, un assemblaggio mentale. [DQ]

96

Harm Van Den Dorpel (NL)
http://harmvandendorpel.com

Redux 1 and 2, 2010.
Movie poster, plastics, foils, spray paint, 100×70 cm.
Courtesy the artist

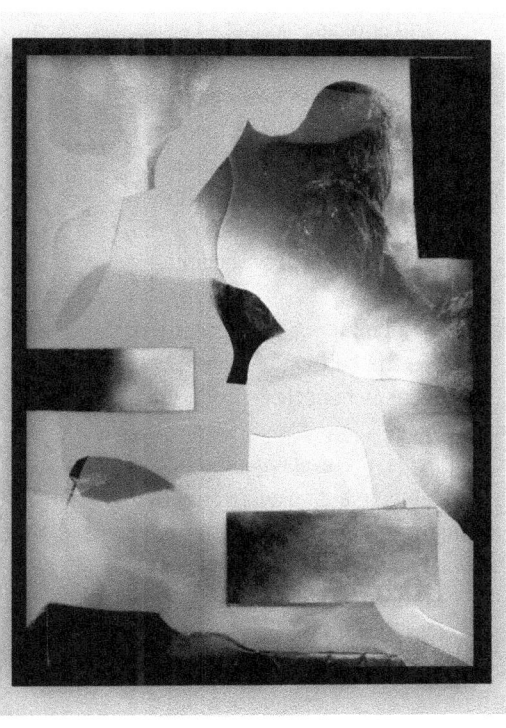

CONSTANT DULLAART

One of contemporary art's hardest challenges is that of succeeding in offering an original perspective on our daily lives, shedding a new light on things and helping us see them entirely differently. The Dadaists and Surrealists were well aware of this, making ready-mades and objets trouvés the central element of their art. Any object can be given a conceptual or aesthetic value depending on how it is presented: an upside-down hatstand can become something completely different, and an elaborate system of mechanisms can turn out to be completely unproductive but function in a very appealing manner.

Modifying everyday objects – openly or covertly - is a technique much deployed by artists over the last century, and this tradition is the context of some of the works by Constant Dullaart, a Dutch artist who focuses his attention on what he comes across every day surfing on the web.

One significant series of works is that regarding Google: **therevolvinginternet.com** makes the search engine's homepage rotate constantly in a clockwise direction, with the addition of a soundtrack; **thedoubitinginternet.com** makes the page oscillate like the pointer on a pair of scales, while **thesleepinginternet.com** introduces the cyclical order of day and night, casting the page into darkness. Small changes that hint at how the representation of data we are used to is only one of the many possible.

Dullaart also applies this method to some offline works. In **Poser**, exploiting the Chroma key technique, the artist puts himself into group photos found on the net. Everything seems perfectly realistic until the photo behind the artist changes, and he moves to position himself better with the new group. **No Sunshine** is a series of images of sunset found on Flickr with the sun taken out; the landscapes continue to be realistic but have lost their central element, their most romantic component. These modifications are not evident at first glance, but create a very unsettling effect that makes them extremely intriguing.

[MC]

No Sunshine, 2009 - 2011.
Archival c-prints on DBond, 60 x 80 cm each
Courtesy the artist

Una
delle sfide più onerose per
l'arte contemporanea consiste nel riuscire ad offrire un
punto di vista insolito sulla quotidianità, mostrare le cose sotto una nuova luce
dando la possibilità di rivalutarle completamente. Lo sapevano bene dadaisti e
surrealisti, che hanno fatto del ready-made e dell'objet trouvé gli elementi cen-
trali della loro arte. Qualsiasi oggetto può essere caricato di un valore concettuale o estetico a seconda di come viene presentato: un attaccapanni capovolto
può diventare qualcosa di completamente diverso, un elaborato sistema di in-
granaggi può rivelarsi completamente improduttivo ma affascinante nella complessità del suo funzionamento.

Apportare modifiche più o meno evidenti a oggetti di uso quotidiano è stato un
espediente più volte utilizzato dagli artisti nel corso dell'ultimo secolo. In questa
tradizione si inseriscono alcuni lavori di Constant Dullaart, artista olandese che
pone al centro della sua attenzione ciò che quotidianamente incontra navigando
sul Web.

Significativa è la serie di opere che ha per soggetto Google: **therevolvinginter-
net.com** impone alla homepage del motore di ricerca un movimento rotatorio
continuo in senso orario, con l'aggiunta di una colonna sonora; **thedoubitingin-
ternet.com** fa oscillare la pagina come fosse il braccio di una bilancia, mentre
thesleepinginternet.com introduce il ciclo del giorno e della notte calando la
pagina nel buio. Piccole modifiche che suggeriscono come la rappresentazione
dei dati alla quale siamo abituati sia solo una delle tante possibili.

Dullaart applica questo metodo anche a alcune opere offline. In **Poser**, sfrut-
tando la tecnica del Chroma key l'artista si aggiunge in foto di gruppo trovate
in rete. Tutto sembra perfettamente realistico fino a quando la fotografia alle
spalle dell'artista cambia, e lui si muove per posizionarsi al meglio nel nuovo
gruppo. **No Sunshine** è invece una serie di immagini di tramonto trovate su
Flickr dalle quali è stato rimosso il sole; i paesaggi continuano a essere reali-
stici, ma hanno perso il loro elemento centrale, la loro componente più roman-
tica. Modifiche non percepibili al primo sguardo, ma che generano un forte
senso di straniamento, rendendo le immagini irrimediabilmente   affascinanti.
[MC]

Constant Dullaart (NL)
www.constantdullaart.com

Poser, 2010. Video loop,
digital picture frame, dimensions variable.
Courtesy the artist

HANS PETER FELDMANN

I t
is always difficult to trace
precisely how an idea came about, but it is highly
likely that the first seeds for this exhibition were planted in 2010, on encoun-
tering Feldmann's work **Agony**. Seeing that collection of photographs, set out on
a grid at a fair, more or less consciously raised a series of questions: what
does the net have to offer the artist/collector? What have interface designers
learnt from the exhibition tactics that conceptual art experimented with in the
1960s? Can we trace a connection between the image aggregators of the past
and the present?

Launched in 2004, Beautiful Agony is an erotic website "dedicated to the beauty
of human orgasm". The site gathers (and offers, for a fee) videos of people (men
and women, young and old, sometimes couples but more often individuals) who
have filmed themselves while masturbating. The unique thing about this site is
that no nudity is shown: the subjects film themselves from the neck up, showing
only their faces, because "that's where people are truly naked". Beautiful Agony
quickly became an internet phenomenon due to how its chaste sexuality raises
a number of crucial questions already present in other, more neutral social
platforms (like YouTube): where does the balance lie between our desire for ex-
posure and the idea of protecting our privacy? What makes "normal" people
want to reveal such an intimate moment? How has our relationship with sexuality evolved in the 21st century? Screenshots and videos, freed from the protec-
tion of the fee-paying site, quickly spread around the web.

Artist/collector par excellence, Hans-Peter Feldmann, who has dedicated a vast
number of works to the banality of beauty - women's legs and lips, intimate activities like getting dressed and putting on make-up - and the repetitive nature
of certain visual models, could not remain indifferent to the appeal of these images. But the interesting thing about this work is not just the nature of their
source material. It is interesting that the artist of the *wunderkammer*, antique
shops and flea markets, turned to the net to look for material. It is interesting
that he has ended up operating like the other artists in this exhibition who
owe everything to his art, his childlike curiosity, his ability to forge syntactic
links between apparently distant images, his conception of intellectual property,
and the visual solutions he has developed to present his works. And lastly, it is
interesting that the internet itself has ended up looking so much like Feldmann's
work: from the modernist grid of Google Images, to the chaotic disorder
of Tumblr, to the idiosyncratic, surprising connec-
tions generated by tags.

[DQ]

Agony, undated. 60 colour photos,
9x13 cm each, 98x115 cm.
Courtesy Galleria Massimo Minini.
Photo credit: Andrea Gilberti

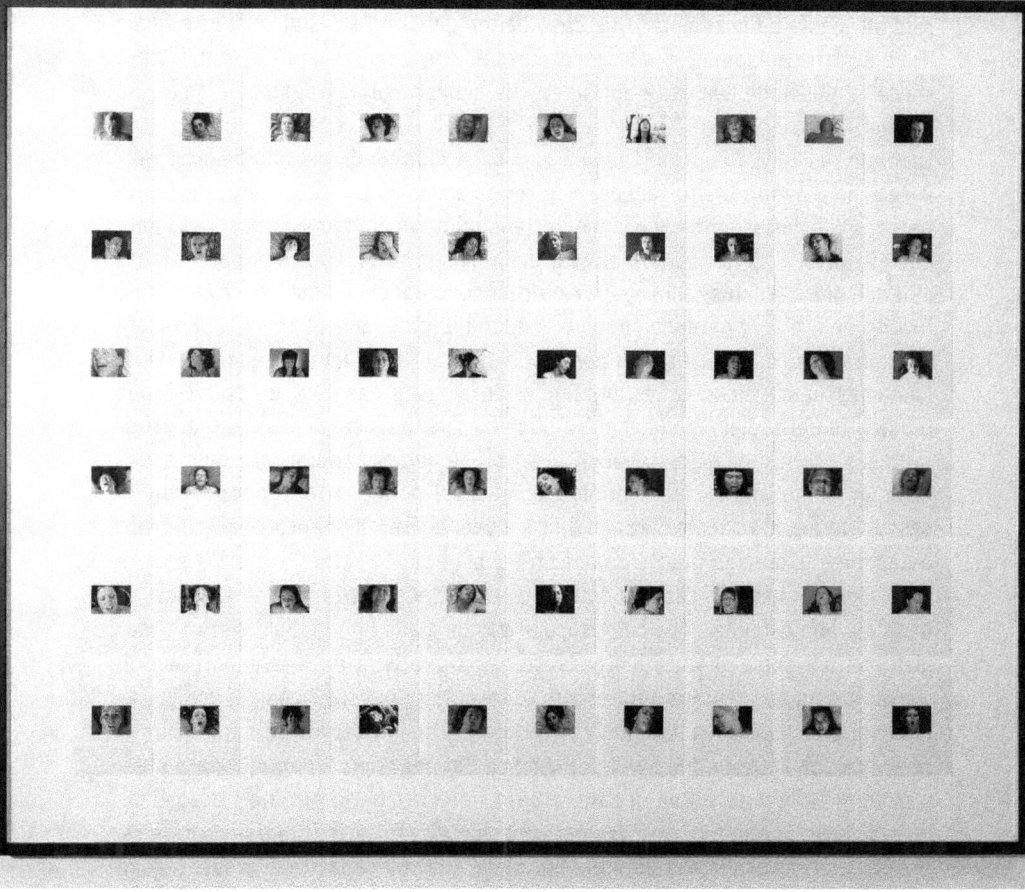

È sempre difficile tracciare l'origine di un'idea, ma è molto probabile che il primo germe di questa mostra affondi le sue radici nell'incontro, nel 2010, con **Agony**. Vedere, in una fiera, quella raccolta di fotografie disposte in griglia ha sollevato, più o meno consciamente, una serie di domande: che cosa offre la rete all'artista collezionista? Che cosa hanno imparato i designer di interfacce dalle strutture espositive sperimentate dall'arte concettuale negli anni Sessanta? È possibile tracciare una linea che colleghi gli aggregatori di immagini di oggi a quelli di ieri?

Lanciato nel 2004, Beautiful Agony è un sito erotico "dedicato alla bellezza dell'orgasmo umano". Il sito raccoglie (e rende accessibili a pagamento) video di persone (uomini e donne, giovani e anziani, talora in coppia ma più spesso soli) che si riprendono nel corso dell'atto della masturbazione. La sua particolarità è di non mostrare nudità: i soggetti si riprendono dal collo in su, mostrando solo il volto: "è lì che le persone sono veramente nude". Beautiful Agony è diventato presto un fenomeno di internet per la sua capacità di sollevare, complice la sua casta sessualità, alcune questioni fondamentali già presenti in altre piattaforme più neutre del social web (come YouTube): come si bilanciano desiderio di esposizione e protezione della privacy? Cosa spinge persone "normali" a rappresentarsi in un momento così intimo? Come evolve il nostro rapporto con la sessualità nel XXI secolo? Screenshot e video, liberati dalla protezione del sito a pagamento, si sono presto diffusi un po' ovunque in rete.

Hans-Peter Feldmann, l'artista collezionista per eccellenza, che tanti lavori ha dedicato alla banalità della bellezza, alle gambe e alle labbra delle donne, a momenti intimi come vestirsi e truccarsi, alla ripetitività di determinati moduli visivi, non poteva restare indifferente al fascino di queste immagini. Ma l'interesse di quest'opera va al di là della natura del suo materiale sorgente. È interessante che l'artista delle wunderkammer, dei negozietti di antiquariato e dei mercatini delle pulci abbia cercato in rete materiale per il proprio lavoro. È interessante che abbia finito per operare come gli altri artisti di questa mostra, che al suo lavoro, alla sua infantile curiosità, alla sua capacità di creare legami sintattici tra immagini apparentemente distanti, alla sua concezione della proprietà intellettuale, alle soluzioni visive da lui sperimentate per presentare le immagini, devono tutto. Ed è interessante, infine, che internet stesso abbia finito per somigliare così tanto al lavoro di Feldmann: si pensi alla griglia modernista di Google Images, al disordine caotico di Tumblr, ai legami idiosincratici e sorprendenti generati dalle tag. [DQ]

Voyeur, 2011 (reprint).
Verlag de Buchhandlung Walter König, Köln

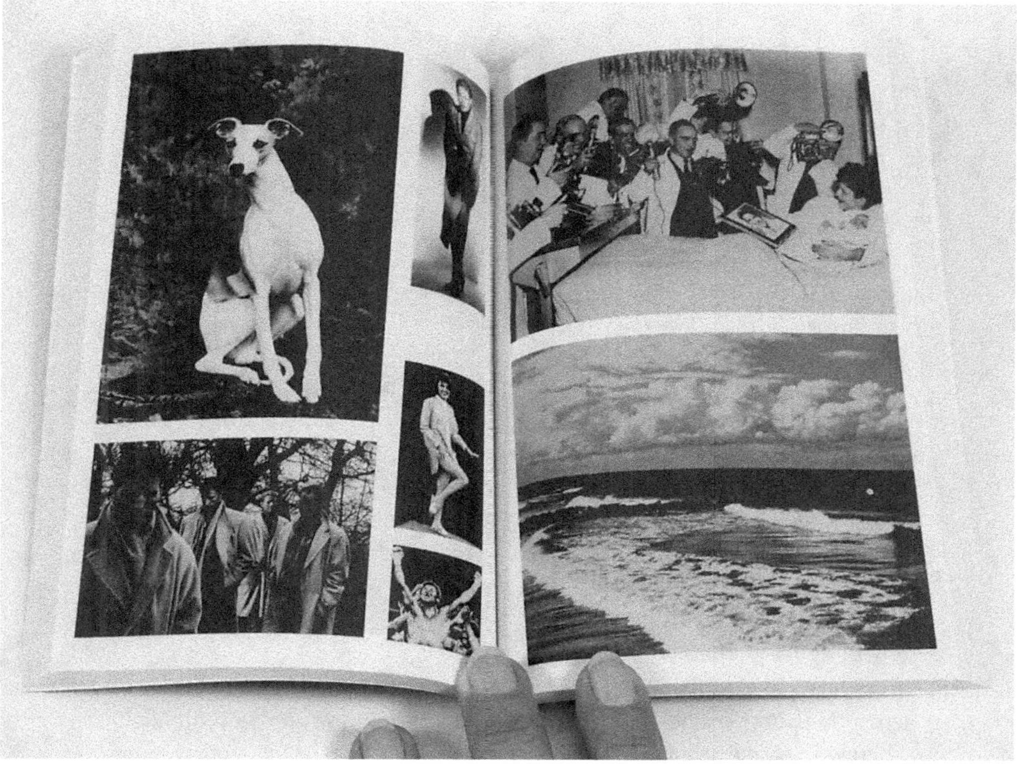

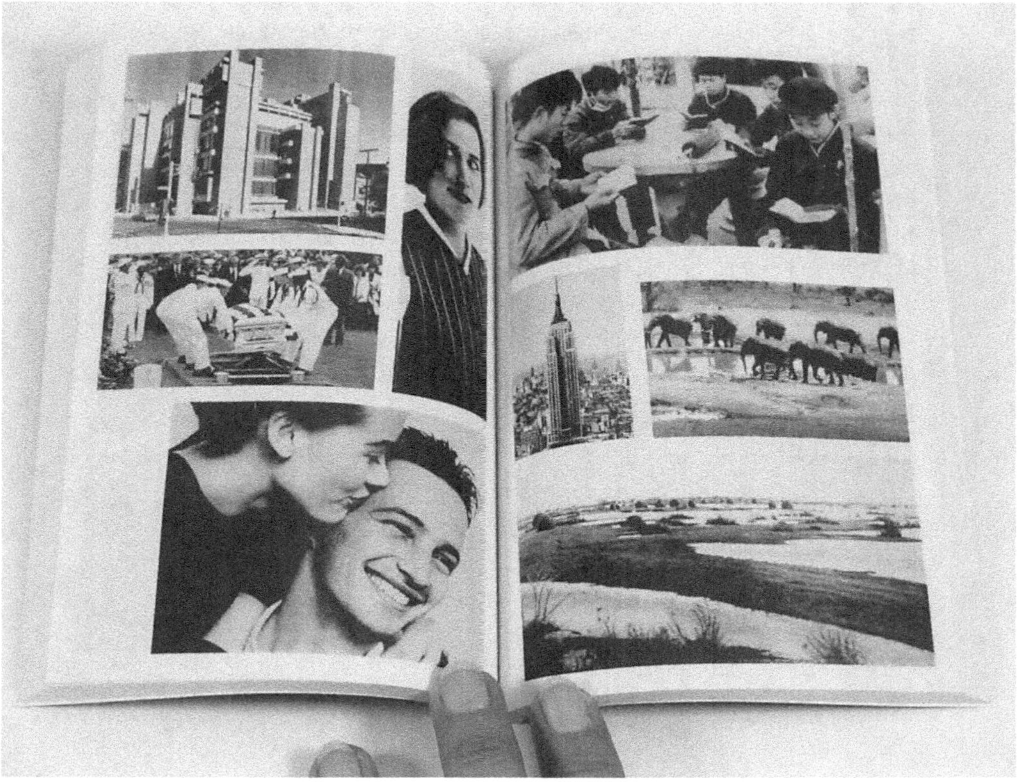

ELISA GIARDINA PAPA

"Broadcast Yourself" is the famous slogan of YouTube, that rings out like a call to arms to those still patiently waiting to enjoy their longed-for minutes of fame. Now anyone can take centre stage, and take on an audience of global dimensions. In 2006, the social network boom led Time magazine to proclaim us all, or rather "You", person of the year. Indeed the development of this kind of service is inextricably linked to the direct participation of the users, who, sharing their contributions with the entire community, play a fundamental role in the growth of the platforms.

At the heart of this phenomenon lie above all the so-called digital natives, the generations born in the 1980s and 1990s, who have grown up with the digital sphere dominating a wide range of aspects of daily life: social interaction, friendships, civic activities and politics. And it is this generation that supplies the greatest number of users to the social networks, and is most influenced by them, feeling a pressing need to connect with and actively participate in the phenomenon of communication. These digital natives also feel the burden of the duties that come with participation, like the need to have something to say in order to exert a presence. A weighty burden, especially when you have little to say.

need ideass!?!PLZ!! (2011) by Elisa Giardina Papa explores this very aspect of networking: the work is a collection of excerpts of videos in which young youtubers address the community of users – or YouTube itself – in a desperate search for topics for their videos. The request is simple and direct: what these youngsters feel the need for is an idea to make their videos more popular; the topic matters little, what counts is having their own online show and making it a success. To do this they are ready to tackle anything: "global warming... the colour purple... tacos... anything!" [MC]

need ideass!?!PLZ!!, 2011.
Video, 16:9 colour, 5.28 min. Still frames.
Courtesy the artist

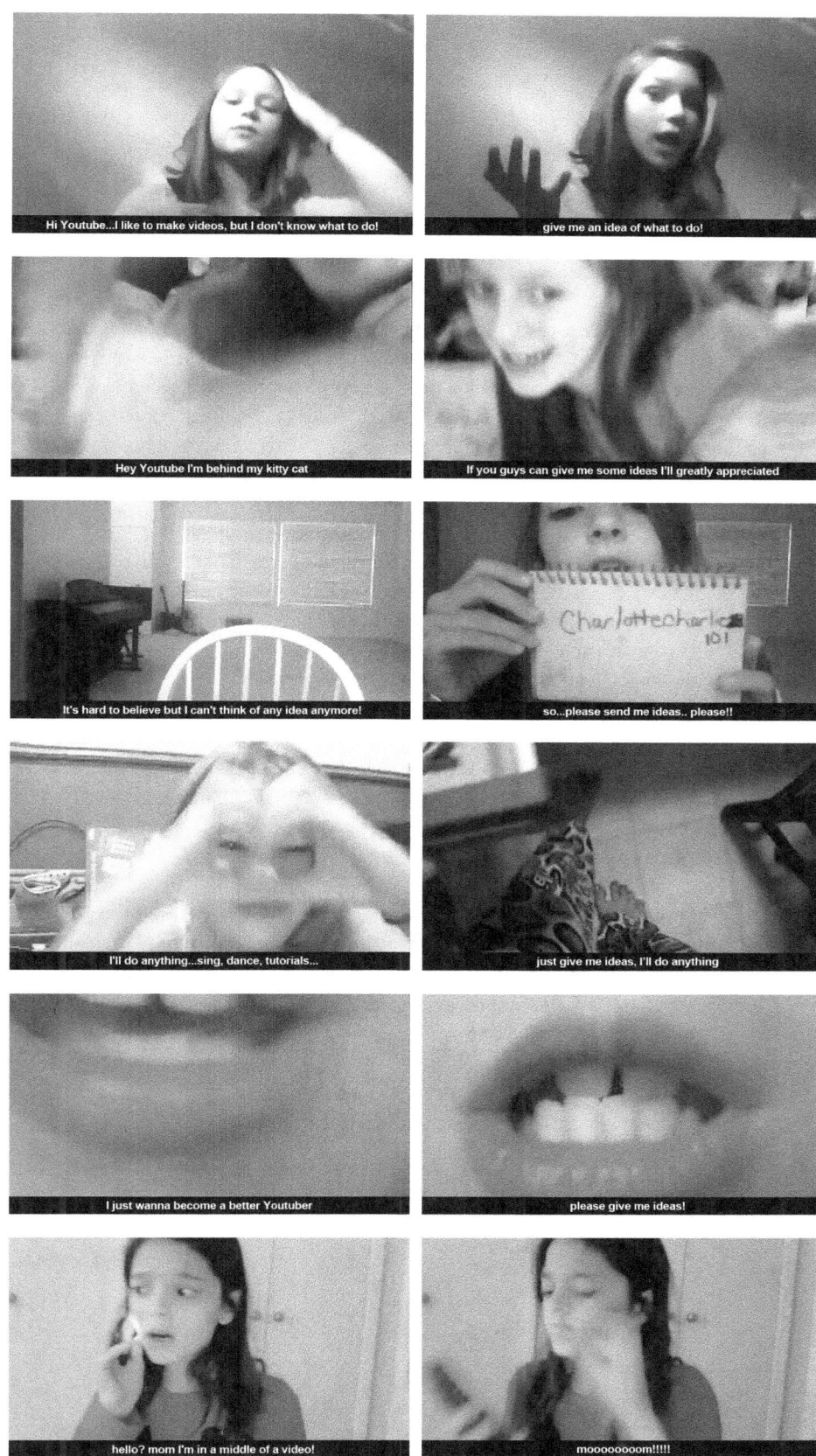

"Broadcast Yourself" è il celeberrimo slogan di YouTube, che suona come una chiamata alle armi per tutti coloro che siano rimasti nella fiduciosa attesa di godere del tanto agognato momento di celebrità. Ora, chiunque ha la possibilità di mettersi al centro della scena, rivolgendosi a una platea su scala mondiale. Nel 2006, il boom di successo dei social network porta la rivista Time a decretare ognuno di noi, o meglio "You", personaggio dell'anno. Lo sviluppo di questo genere di servizi, in effetti, è legato in modo indissolubile proprio alla partecipazione diretta degli utenti che, condividendo con l'intera comunità i propri contributi, svolgono un ruolo fondamentale nella crescita delle piattaforme.

Al centro di questo fenomeno si trovano soprattutto i cosiddetti nativi digitali, la generazione dei nati negli anni Ottanta e Novanta, e che ha conosciuto una presenza preponderante della tecnologia digitale nei più vari aspetti della vita quotidiana: l'interazione sociale, l'amicizia, l'attività civica e politica. É proprio questa la generazione che fornisce il maggior numero di utenti ai social network, e quella che più ne subisce l'influenza sotto forma di un impellente bisogno di connettersi e di partecipare attivamente al fenomeno della comunicazione. Sui nativi digitali gravano infatti anche i doveri che il mito della partecipazione porta con sé, come l'obbligo di avere qualcosa da dire per testimoniare la propria esistenza, il proprio essere al mondo. Un compito oneroso, soprattutto quando si ha ben poco da dire.

need ideass!?!PLZ!! (2011) di Elisa Giardina Papa indaga proprio questo aspetto del networking: il lavoro è composto da una raccolta di spezzoni di filmati nei quali giovanissimi youtuber in erba si rivolgono alla comunità di utenti - quando non direttamente a YouTube stesso - alla disperata ricerca di suggerimenti sugli argomenti da trattare nei propri video. La richiesta è molto semplice e diretta: ciò di cui questi ragazzi sentono il bisogno è un'idea che possa rendere i loro video più popolari; non conta quale sarà il soggetto, ciò che conta è avere il proprio show online e fare in modo che sia un successo. Per questo sono pronti ad affrontare qualsiasi argomento: "il surriscaldamento globale... il colore viola... le tacos... qualsiasi cosa!" [MC]

Elisa Giardina Papa (IT)
www.elisagiardinapapa.com

The ballad of social dependency, 2011.
Multimedia installation with digital slides,
courtesy the artist

TRAVIS HALLENBECK

"Tra-
vis Hallenbeck is the king of
surfing. Just in case ya didn't know", wrote Paul Slocum
on his blog in 2006. Slocum is the artist who founded the And/Or Gallery in Dallas, the exhibition venue that gave a voice to the generation of "surfing clubs". Since then, Hallenbeck has played this gratifying and eloquent role to the best of his ability. Less inclined than some of his peers to create exhibitable objects, and therefore less known in the art world, he nonetheless has an excellent reputation on the scene.

He is the artist who best embodies the definition of "professional surfer", with the main manifestation of his art - a daily performance that can be monitored through the traces he leaves on the net – being his daily surfing: selecting links for his Delicious account (www.delicious.com/cosmic), choosing images for Tumblr (http://superamiga.tumblr.com), or looking for favourites to post on Flickr and YouTube and contents to post on **Cosmic Disciple** (his personal blog, no longer active) or **Nasty Nets** (2006 – 2010, the first and best known surfing club). It is therefore no coincidence that the few actual objects he has created include three books, all published via a "print on demand" service and also available free in PDF form: **Twitter Faves** (2011), a collections of tweets written by 250 different users; **Tinypic Video Thumbnails** (2010), a collection of previews of videos from the video hosting service Tinypic; and **Flickr Favs** (2010). The latter is a book of photos containing 315 packed pages of images that the artist selected as "Favourites" on the image sharing platform flickr.com. Each page of the book features a grid of 6 x 6 thumbnails. As Gene McHugh noted about **Tinypic Video Thumbnails**, which has a similar structure, "One feels the volume of images, of course; but one also feels the volume of time spent sifting through images, the performance of the surf as an intentional work of art." For this reason the artist has decided to maintain the reverse chronological order established by Flickr as an ordering criteria: the archive draws its meaning from the act of collecting. The reader is however free to decide on his or her own route through this vast, yet miniscule sample of the internet. [DQ]

Flickr Favs, 2010.
Paperback, self-published on Lulu.com

"In caso non lo sapeste, Travis Hallenbeck è il re del surfing", ha scritto nel 2006 sul suo blog Paul Slocum, artista e fondatore della And/Or Gallery di Dallas, lo spazio espositivo che ha dato voce alla generazione dei "surfing club". Da allora, Hallembeck non ha mai smesso di interpretare al meglio questa generosa e icastica definizione. Meno incline di altri suoi compagni di strada a dare vita a oggetti esponibili, e quindi meno noto nel mondo dell'arte, gode tuttavia di un'ottima reputazione fra i suoi pari. Fra tutti, è quello che meglio incarna la definizione di "professional surfer", navigatore che vede nella frequentazione quotidiana di internet, e nella selezione dei link per il suo account Delicious (www.delicious.com/cosmic), delle immagini per il suo Tumblr (http://superamiga.tumblr.com), dei favoriti per i suoi Flickr e YouTube e dei contenuti da postare su **Cosmic Disciple** (il suo blog personale, ora inattivo) o su **Nasty Nets** (2006 – 2010, il primo e più noto fra i surfing club) la manifestazione principale della sua arte, una performance quotidiana monitorabile attraverso le tracce che lascia in rete.

Non è un caso, allora, che fra i pochi oggetti da lui prodotti compaiano tre libri, tutti pubblicati con un servizio di "print on demand" e disponibili anche, gratuitamente, come pdf: **Twitter Faves** (2011), una collezione di "tweet" scritti da 250 utenti differenti; **Tinypic Video Thumbnails** (2010), una raccolta di anteprime di video dal servizio di video hosting Tinypic; e **Flickr Favs** (2010). Quest'ultimo è un libro fotografico che raccoglie, in 315 densissime pagine, le immagini che l'artista ha segnalato come "Favourites" sulla piattaforma di condivisione di immagini flickr.com. Ogni pagina consiste in una griglia di 6 x 6 immagini quadrate, riproposte nella piccola anteprima quadrata generata automaticamente dal software, e nota come "thumbnail". Ha scritto Gene McHugh a proposito di **Tinypic Video Thumbnails**, che condivide un'analoga struttura: "Si percepisce il volume delle immagini, certo; ma si percepisce anche il volume di tempo speso a setacciarle, la performance della navigazione come opera d'arte intenzionale". Per questo l'artista ha deciso di mantenere, come criterio ordinativo, l'ordine cronologico inverso stabilito da Flickr: è dall'atto della raccolta che l'archivio trae il suo senso. Al lettore, tuttavia, resta la libertà di stabilire un proprio percorso, all'interno di questo vastissimo, eppure minuscolo, campione di internet.

[DQ]

Travis Hallenbeck (US)
http://anotherunknowntime.com

Tinypic Video Thumbnails, 2010.
Paperback, self-published on Lulu.com

The term "folksonomy" is a neologism that Thomas Vander Wal coined in June 2004, combining "folk" and "taxonomy" to provide a name for the creation and collective management of categories to archive contents, made possible by "social tagging" systems. With respect to the latter, the prefix "folk" emphasises the informal nature of this process, and the non-professional nature of those who engage in it.

It must have been this very prefix that attracted the attention of Jodi (Joan Heemskerk and Dirk Paesmans), when they registered folksomy.net in 2008. On this domain the pair collected and classified images and videos that document, from different points of view, users' relationships with the technical consumer goods that have invaded our daily lives in the last quarter of a century. The deliberate misspelling of the name is typical of Jodi, which has been systematically tampering with language for years, sabotaging its role as a reliable but limited communications tool. This also emerges frequently in the tags used to archive the immense mass of material gathered over time. Some of them make sense, while more frequently they are simple assemblages of phonetic symbols.

The **Folksomy** archive of images, no longer accessible from the duo's homepage, gathers its contents under 132 key words, which go from "1984_apple" to "zx-sinclair", through "apple_tattoo" (tattoos inspired by the logo of Steve Jobs' company), "computer_destroy", "hal_odyssey" (images related to the artificial intelligence of 2001. A Space Odyssey), "laptop_legs" (laptops sitting on women's legs), "phone_bed" (using the phone in bed), "phone_girl_candid" (girls on the phone), "webcam_glasses" (webcam images in which the users wear glasses).

In parallel, Jodi has used the title **Folksomy** since 2008 for a series of performances where, using a specially created software, it remixes in real time amateur videos from YouTube that reflect their authors' love/hate relationship with technology. These videos have now invaded the homepage of the site, alternating apparently at random and organised into varyingly cryptic categories such as "key, cmd, tap, edu, dem, war, blo, com, spa, bul, gui".

Overall then, **Folksomy** is an asystematic analysis of the ongoing adaptation of two bodies, two worlds alien to each other (man and machine), and the dysfunctions that this tricky coexistence occasionally throws up.

[DQ]

Folksomy, 2008 - ongoing.
Research and performance project.
Courtesy the artists

Il termine "folksonomy" è un neologismo creato nel giugno 2004 da Thomas Vander Wal fondendo le parole inglesi "folk" e "taxonomy" per indicare la creazione e la gestione collettiva di categorie per l'archiviazione di contenuti resa possibile dai sistemi di "social tagging". Rispetto a quest'ultima espressione, il prefisso "folk" insiste sulla natura informale di questo processo, e sulla natura non professionale di chi vi partecipa.

Proprio questo prefisso deve aver attratto l'attenzione di Jodi (Joan Heemskerk e Dirk Paesmans) quando, nel 2008, ha registrato folksomy.net, dominio in cui è andato raccogliendo e classificando immagini e video che documentano, da diversi punti di vista, il rapporto degli utenti con le tecnologie di consumo che hanno invaso la nostra quotidianità nel corso dell'ultimo quarto di secolo. La storpiatura linguistica del nome è tipica di Jodi, che da anni mette in atto una sistematica manomissione del linguaggio, che viene sabotato nella sua natura di strumento affidabile ma limitato di comunicazione; e ritorna di frequente anche nelle tag utilizzate per archiviare l'immensa mole di materiale raccolta nel tempo, talvolta dotate di senso, più spesso semplici assemblaggi di simboli fonetici. L'archivio di immagini di **Folksomy**, ora inaccessibile dall'homepage, raccoglie i suoi contenuti sotto 132 parole chiave, che vanno da "1984_apple" a "zx-sinclair" passando per "apple_tattoo" (tatuaggi ispirati al logo dell'azienda di Steve Jobs), "computer_destroy", "hal_odyssey" (immagini connesse all'intelligenza artificiale di 2001. A Space Odyssey), "laptop_legs" (portatili appoggiati su gambe femminili), "phone_bed" (uso del telefono a letto), "phone_girl_candid" (ragazze al telefono), "webcam_glasses" (immagini da webcam in cui i soggetti indossano occhiali).

Parallelamente, del titolo **Folksomy** Jodi si è servito, sin dal 2008, per indicare una serie di performance in cui remixa in tempo reale, servendosi di un software creato appositamente, video amatoriali selezionati su YouTube che riflettono il rapporto di amore e odio dei loro autori per le tecnologie. Questi video hanno ora invaso l'homepage del sito, succedendosi l'uno all'altro in maniera apparentemente casuale, e classificati sotto categorie più o meno criptiche come "key, cmd, tap, edu, dem, war, blo, com, spa, bul, gui." Nel suo complesso, **Folksomy** diventa dunque un'analisi asistematica del progressivo adattamento di due corpi, e di due mondi, estranei l'uno all'altro (l'uomo e la macchina), e delle disfunzioni che questa difficile convivenza occasionalmente determina.

[DQ]

Jodi (NL)
http://jodi.org

Folksomy, 2008 - ongoing.
Research and performance project
Courtesy the artists

s is dedicated
all the 404
pages I've
ncountered
er the years

"My iPhone"
by Michel Dufrenoy

Delete my account.

It's erased.

and you can sing it

ROFLM4O!!
LOLOLOLOL
N00BLOLOL
PWNAGED'1
H4X0R3D 1
STFU GTFO
F4GNUBLOL

eserve

I hid the body where
they'll never find it.

Informatiker

Musik
ingsteph & Ko

YTCRACKER
N.E.S.

Music by YTCracker

Video:
Starring Alex Daily
Edited by Alex Daily

nain processor's heat

fl mobiles
re for the
1337.

Facebook
Song

This is a
rhythmic
Windows XP
abuse

But I'll have a blue, blue
Vista

's do a better Internet
more Cheating!

wded House - PR is Google TM

Music All Your Base Are
Belong to Us
Cloc Ing
Red_CDC
Soundwinter
Special Thanks to the
following, especially
Red_CDC becfuse I got 3

Band
Bad Religion

Song
I Love My Computer

I got this brick where my
ex-box used to be but
I'm so cold, I'm so cold
I'm so cold, I'm so cold
(oh)
I'm so cold, I'm so cold,
I'm so cold

Vista
TMARE

Microsoft SAM
(tm)

and The Electric Hippie
Orchestra

Τηε Ε–
μαιλ...

YOU SO LAME liink
Mike Jar

on't FUCK
with My
Nintendo!!
Funny track!!

Puppy
Linux

Lyrics [And
Bad Singing]
By: Myself

Are You
Blogging This?
David Lee King
davidleeking.com

OGLE
SONG

Windows XP,
fat but sexy

XP,

But pwning you

is SO easy

21st Century
Digital Girls

Go

Call of duty 4
(song)
by
JUDGE
CLARKIE

PWN'D
N00B

OLIVER LARIC

"I don't see any necessity in producing images myself — everything that I would need exists, it's just about finding it." This is Oliver Laric's effective description of the role of the artist in a culture of overproduction and access, where means of production and distribution are accessible to all and all cultural artefacts are at the disposal of anyone who wishes to use them. This is no longer the horizon of the postmodern citation, but that of customised gadgets, pirated films, photoshopped images, musical mash-ups, viral memes, celebrity fakes. This is, in other words, the horizon of **Versions** (2009 - ongoing).

Versions is a work in progress that has existed in various forms since it began: two video-essays (the second being a reformulation of the first), three "versions" of the same created by other artists, a group of airbrushed panels, various series of polyurethane sculptures, the bootleg version of a book, a new display of a plaster collection, an exhibition of three Chinese-produced cars, and much more besides. From another perspective, **Versions** is the version of the history of art that could belong to someone growing up in the age of copy and paste, in the participatory culture of the web, on a horizon in which the mediated experience of things often replaces direct experience, to the point that we no longer perceive the difference between one and the other. All of this conditions that person's view of Greek and Roman statuary, Renaissance iconoclasm and timeless classics, just like each of these phenomena conditioned our perception of what came before it.

Versions is also the acknowledgement of a paradox: that while originality does not exist - all creative acts are a reformulation of something pre-existing - at the same time all acts of appropriation - from a simple copy to an actual defacement - are an act of reinterpretation and invention, because they take place from a cultural perspective different to that which produced the reformulated object. As Oliver Laric says in **Versions** (2010), if five people describe an accident they will all give different versions, because what they are actually doing is recounting themselves.

Versions is basically an extended performance that stages Laric's theory: all the artefacts produced are a version of something else; all the fragments of video are the result of an act of appropriation (from history of art to Hollywood films to web images); every line of text has been filched from someone else (from texts by Susan Sontag, Jorge Louis Borges, Friedrich Nietzsche and many more), and even the voice that recites it is the human simulation of a synthetic voice, which in turn is a synthetic version of a human voice.

This, it goes without saying, is my version of **Versions**. [DQ]

Maria Justitia, 2010.
3D model, variable dimensions.
Courtesy the artist

"Non sento alcuna necessità di produrre immagini – tutto ciò di cui ho bisogno esiste, si tratta solo di trovarlo." Con queste parole, Oliver Laric descrive efficacemente il ruolo dell'artista in una cultura della sovrapproduzione e dell'accesso, in cui i mezzi di produzione e distribuzione sono accessibili a tutti e in cui ogni artefatto culturale è a disposizione di chi voglia servirsene. Non siamo più nell'orizzonte della citazione postmoderna, quanto in quella del gadget personalizzato, del film piratato, delle immagini photoshoppate, dei mash-up musicali, dei meme virali, dei celebrity fake. Siamo, in altre parole, nell'orizzonte di **Versions** (2009 – in corso).

Versions è un progetto in progress che, da quando è stato avviato, ha assunto svariate forme: due video-saggi (il secondo dei quali è la rielaborazione del primo), tre "versioni" dello stesso realizzate da altri artisti, un ciclo di pannelli aerografati, diversi cicli di sculture in poliuretano, la versione bootleg di un libro, il riallestimento di una gipsoteca, l'esposizione di tre automobili di produzione cinese, e molto altro ancora. Da un altro punto di vista, **Versions** è la versione della storia dell'arte di chi è cresciuto davanti a una macchina del copia e incolla, nella cultura partecipativa del web, in un orizzonte in cui l'esperienza mediata delle cose rimpiazza, in molti casi, l'esperienza diretta, a un punto tale da non percepire più il dislivello tra l'una e l'altra. Tutto ciò condiziona la sua lettura della statuaria greco-romana, dell'iconoclastia rinascimentale e dei classicismi di sempre, così come ognuno di questi fenomeni ha condizionato la nostra percezione di ciò che l'ha preceduto. **Versions** è anche la presa d'atto di un paradosso: l'originalità non esiste, ogni atto creativo rielabora qualcosa di già esistente; ma al contempo, ogni atto di appropriazione – dalla semplice copia allo sfregio – è sempre un atto di reinterpretazione e di invenzione, perché avviene da una prospettiva culturale differente da quella che ha prodotto l'oggetto rielaborato. Come dice Oliver Laric in **Versions** (2010), se cinque persone raccontano un incidente, ce ne daranno sempre versioni diverse, perché ciò che fanno è raccontare se stessi.

In fondo, **Versions** è una performance prolungata che mette in scena la sua teoria: ogni artefatto prodotto è la versione di un altro; ogni frammento del video è frutto di un atto di appropriazione (dalla storia dell'arte al cinema hollywoodiano all'immaginario del web); ogni riga del testo è frutto di un furto (da testi di Susan Sontag, Jorge Louis Borges, Friedrich Nietzsche e molti altri); persino la voce che lo recita è la simulazione umana di una voce sintetica, che è a sua volta la versione sintetica di una voce umana.

Questa, ovviamente, è la mia versione di **Versions**. [DQ]

Oliver Laric (DE)
http://oliverlaric.com

Versions 2010, 2010.
HD Video, 1920 x 1080 px
Courtesy the artist and Seventeen, London

OLIA LIALINA & DRAGAN ESPENSHIED

Founded in July 1995, the free web hosting service Geocities ceased to exist in October 2009. In the early years of the web Geocities was what enabled hundreds of thousands of amateur users to set up their own homepages. These artefacts, replaced in the new millennium by the conventional design of blogs and social networks, have now become part of the archaeology of the internet, but back then, in the space of a few years, they generated a massive heritage of backgrounds, animated gifs, buttons, midi sounds and experiments in html.

Termed **Digital Folklore**, this is what Olia Lialina and Dragan Espenshied explore in a fantastic book dedicated to "computer users, with love and respect".

When a group of hackers uploaded an archive containing a terabyte of Geocities pages to The Pirate Bay, it was too tempting an opportunity for the duo to pass up on. Lialina and Espenshied set about downloading it, and at the same time they launched a blog where they post and comment on their discoveries. **One Terabyte of Kilobyte Age** (2010 – ongoing) is an engaging research blog which enables its authors to rediscover lost treasures and reconstruct stories which had been left as loose ends and fragments. Like that of the Dancing Girl, one of the most famous gifs in history, of which they located the creator (a retired American aviator, now deceased) and the origin (an old programme for Mac called Videoworks), explaining the reason for that rebel pixel that none of the numerous users of that animation had the courage to delete.

One Terabyte... is a natural point of arrival for the work of Lialina and Espenshied, who have always developed their interest in the amateur side of the web along two parallel lines that frequently intersect: artistic creation and academic research. Their essays, like their comparative history of classic gifs and glitter animations, and Lialina's stylistic analysis of the personal pages of academics (**Prof. Dr. Style**), are works of art, and their works of art are archives and studies in image form. This is also the case with **Frozen Niki** (2005), the personal blog of Nikolaj Osinin, placed in a cryogenic capsule and sent into space. In the fictitious narrative of the work, Niki's cerebral activity is translated into data transmitted on his blog. In reality, delicate bitmap graphics overlap against a starry background, giving rise to an appealing celestial architecture populated here and there with pop icons like Fritz the Cat and the Dancing Girl, while the text tags construct a micro-narration. [DQ]

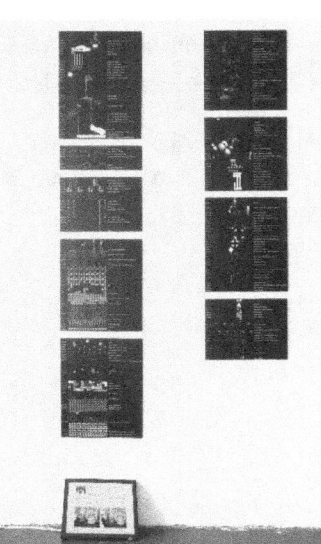

Fon-
dato nel luglio 1995, il servizio
di web hosting gratuito Geocities ha cessato di esistere
nell'ottobre 2009. Nei primi anni del web ha fornito una casa a centinaia di migliaia di utenti dilettanti che si creavano le proprie homepage. Questi artefatti,
rimpiazzati nel nuovi millennio dal design convenzionale dei blog e dei social
network, fanno ormai parte dell'archeologia della rete; ma hanno dato vita, in
pochi anni, a un immenso patrimonio di sfondi, gif animate, bottoni, suoni midi,
esperimenti con l'html. È il cosiddetto **Digital Folklore**, esplorato da Olia Lialina
e Dragan Espenshied in uno splendido libro dedicato, appunto, "agli utenti dei
computer, con amore e rispetto".

Quando un gruppo di hacker ha caricato su The Pirate Bay un archivio di un terabyte di pagine Geocities, l'occasione era troppo ghiotta per lasciarsela sfug-
gire. Lialina e Espenshied hanno avviato il download, lanciando nel contempo
un blog su cui postano e commentano le loro scoperte. **One Terabyte of Kilobyte
Age** (2010 – in corso) è un appassionante blog di ricerca, che consente ai suoi
autori di recuperare tesori perduti e ricostruire storie fino ad ora sfilacciate e
frammentarie. Come quella della Dancing Girl, una delle più celebri gif della storia, di cui hanno scovato l'autore (un aviatore americano in pensione, ora de-
ceduto) e l'origine (un vecchio programma per Mac chiamato Videoworks),
spiegando così la ragione di quel pixel ribelle che nessuno degli innumerevoli
utenti che si sono serviti dell'animazione aveva avuto il coraggio di cancellare.

One Terabyte... è l'approdo naturale del lavoro di Lialina e Espenshied, che da
quando lavorano insieme hanno sviluppato il loro interesse per il web amatoriale
lungo due binari paralleli, che non di rado si intersecano: quello della creazione
artistica e della ricerca accademica. I loro saggi, come la loro storia comparativa
delle GIF classiche e delle animazioni glitter o l'analisi stilistica condotta da Lialina sulle pagine personali degli accademici (**Prof. Dr. Style**), sono opere d'arte,
e le loro opere d'arte sono archivi e studi in forma di immagini. È ciò che accade
anche in **Frozen Niki** (2005), il blog personale di Nikolaj Osinin, rinchiuso in una
capsula criogenica e spedito nello spazio. Nella finzione narrativa del lavoro, la
sua attività cerebrale viene tradotta in dati trasmessi sul suo blog. Nella realtà,
delicatissime grafiche bitmap si stratificano su un fondo stellato, dando vita nel
loro complesso a un'affascinante architettura celeste popolata di tanto in tanto
di icone pop come Fritz the Cat e la Dancing Girl, mentre le tag
testuali costruiscono una micro-narra-
zione. [DQ]

Olia Lialina & Dragan Espenshied (DE)
http://art.teleportacia.org/

One Terabyte of Kilobyte Age, 2011.
Web research project.
Courtesy the artists

GUTHRIE LONERGAN

In 2006 Guthrie Lonergan was among the founders of **Nasty Nets**, the first collective blog to call itself a "Surfing Club": an online community whose members look to the net as their field of work: the overabundance of images available, the option of copying and manipulating them at will, and the practice of classifying them using the taxonomy system of tags.

The members of these collaborative platforms are mainly artists working on the net who share the need to sort through, catalogue and organise the massive amount of material they visualise on their computer screens daily.

In his works Lonergan makes considerable use of accumulation – following the logic behind the creation of databases – and creating playlists: a practice he adopts to highlight the conventions and recurrent elements in the representation of social categories. One example is the video **Babies First Steps** (2005), a collection of excerpts of amateur films showing exactly that. **Internet Group Shot** (2006), meanwhile, is a collection of group photos whose subjects have been cut out and used to compose a giant collage that points up the formal conventions and compositional features that characterise this kind of portrait. **Myspace Intro Playlist** (2006) is a collection of videos in which individual users of the famous social network introduce themselves and their pages to possible visitors who might end up there. The video **Artist Looking At Camera** (2006) explores the conventional representation of the figure of the artist, using short clips found in an online archive that offers a library of films and images for commercial use. Searching by key word, Lonergan came across a series of videos showing artists and craftspeople happily intent on their work. He extrapolated the clips from their original setting and assembled them into a single video, and what emerges is a conception of the artist as craftsman, ironically poles apart from the practices deployed by the members of Surfing Clubs.

[MC]

Nel 2006 Guthrie Lonergan è tra i fondatori di **Nasty Nets**, il primo blog collettivo a definirsi con il termine "Surfing Club": comunità online i cui membri hanno fatto della sovrabbondanza delle immagini reperibili in rete, della possibilità di copiarle e manipolarle a piacimento e di classificarle grazie al sistema tassonomico delle *tag*, il campo di indagine attorno al quale sviluppare la propria attività.

I componenti di queste piattaforme collaborative sono per lo più artisti attivi in rete che condividono il bisogno di ordinare, catalogare e organizzare la grande quantità di materiale che quotidianamente visualizzano sullo schermo del loro computer.

Nei suoi lavori Lonergan fa ampio ricorso all'accumulazione – secondo la logica di creazione dei database – e alla realizzazione di playlist: una pratica adottata per portare alla luce le convenzioni e i caratteri ricorrenti nella rappresentazione delle categorie sociali. Ne è un esempio il video **Babies First Steps** (2005) realizzato con spezzoni di filmati amatoriali che ritraggono i primi passi dei neonati fra le mura domestiche. Al 2006 risale invece **Internet Group Shot**, una raccolta di fotografie di gruppo i cui soggetti sono stati ritagliati dall'immagine originale e utilizzati per comporre un gigantesco collage che evidenzia le convenzioni formali e compositive che caratterizzano questo tipo di ritratti. **Myspace Intro Playlist** (2006) è invece una collezione di video nei quali singoli utenti del famoso social network presentano sé stessi e la propria pagina personale ai possibili visitatori che vi approderanno.

Il video **Artist Looking At Camera** (2006) indaga infine la rappresentazione convenzionale della figura dell'artista, utilizzando brevi clip trovati in un archivio online che offre immagini e filmati di repertorio per uso commerciale. Attraverso una ricerca per parole chiave, Lonergan approda a una serie di video che ritraggono artisti e artigiani felicemente intenti nella produzione de loro manufatti. Le clip vengono estrapolate dal contesto originario e assemblate in unico video: ne remerge una concezione dell'artista come artigiano ironicamente agli antipodi rispetto alle pratiche sperimentate dai membri dei Surfing Club.

[MC]

Guthrie Lonergan (US)
www.theageofmammals.com

Artist Looking at Camera, 2006. Collection of stock footage found by searching the GettyImages database for "artist looking at camera", stills. Courtesy the artist

EVA AND FRANCO MATTES

The concept of property has always been a troublesome one for Eva and Franco Mattes. Often dubbed provocateurs and falsifiers, they are also and above all thieves. Their very first work, initiated when they were not yet twenty, and disclosed only fifteen years later, was a collection of fragments of 20th century artworks stolen during visits to museums and exhibitions. **Stolen Pieces** (1995 – 1997) not only examines the sacrality of art (how much aura remains in a fragment? and how much is taken away when that fragment is removed?), but is also an archive of souvenirs, a selection of "favourites", a collection of fetish objects.

The first works they publicly claimed responsibility for, **Darko Maver** and **Vaticano.org** (1998 – 1999) were based on the theft of a collection of trashy images and a public identity - that of the Vatican - respectively. The former were used to create the legend of an artist, while the latter was played out for a year, using a clever collage of appropriate texts and stylistic registers. The same tactic was deployed a few years later (2003 - 2004), on another scale, when the duo borrowed the identity of the Nike Corporation. Other "thefts" include replicating well-known net art websites (1999), and reinterpreting famous performances of the 1970s (2007 – 2010), using discarded advertising images (2009), fragments of a carnival ride smuggled out of Chernobyl (2010), and the "signature style" of another contemporary artist, and another famous thief (Cattelan in **Catt**, 2010).

This kleptomania, publicly confessed and translated into an aesthetic, is the outcome of a very unambiguous take on the concept of originality in art: that nothing is created, everything is a re-elaboration of something. And this stance is matched by a rigorous ethic of exchange and sharing. It is no coincidence that their biggest theft, in terms of quantity, was conceived during the performance **Life Sharing** (2001), in which their entire digital identity (the contents of their computer) was shared on the net through peer-to-peer protocols for three years. It was then that the Mattes realised that many users were actually unwittingly doing the same. They began to go through their computers, constructing a collection of thousands of private images, which was made public ten years, later entitled **The Others** (2011).

My Generation (2010), on the other hand, came about as a mash-up of amateur videos taken from YouTube, showing game players venting game-related frustration on their computers. Whether these videos of "angry gamers" are authentic or artefacts is of little importance: taken together they create a telling portrait of a generation that lives with, but above all inside, computers.

[DQ]

My Generation, 2010.
Video collage, broken computer.
Courtesy the artists

Il concetto di proprietà è sempre stato problematico per Eva e Franco Mattes. Spesso definiti provocatori e falsificatori, sono, anche e soprattutto, dei ladri. Il loro primo lavoro, iniziato quando non avevano ancora vent'anni e svelato solo quindici anni dopo, era una collezione di frammenti di opere d'arte del Novecento, rubati durante le loro visite a mostre e musei. **Stolen Pieces** (1995 – 1997) non è solo una verifica della sacralità dell'arte (quanta aura si preserva in un frammento? Quanta se ne porta via asportandolo?); è anche un archivio di souvenir, una selezione di "preferiti", una collezione di feticci.

I loro primi lavori pubblicamente rivendicati, **Darko Maver** e **Vaticano.org** (1998 – 1999) nascevano, rispettivamente, dal furto di una collezione di immagini trash e di una identità pubblica, quella del Vaticano. Le prime vennero usate per creare, dal nulla, la leggenda di un artista; la seconda venne interpretata per un anno, servendosi di un sapiente collage di testi e registri stilistici appropriati. Lo stesso gioco venne sviluppato, alcuni anni più tardi (2003 - 2004), su un'altra scala prendendo a prestito l'identità della Nike Corporation. Altri "furti" includono la replica di celebri siti di net art (1999), la reinterpretazione di celeberrime performance degli anni Settanta (2007 – 2010), l'uso di immagini pubblicitarie scartate (2009), di frammenti di una giostra pubblica trafugata da Chernobyl (2010), e del "signature style" di un altro artista contemporaneo, e di un altro celebre ladro (il Cattelan di **Catt**, 2010).

Questa cleptomania pubblicamente rivendicata e tradotta in stile è la conseguenza di una posizione molto chiara sul concetto di originalità in arte: nulla si crea da zero, tutto è rielaborazione di qualcosa. E ha come corollario una rigorosa etica dello scambio e della condivisione. Non è un caso che il loro furto più colossale, in termini quantitativi, sia stato concepito nel corso di una performance, **Life Sharing** (2001) in cui la loro intera identità digitale (il contenuto del loro computer) è stata condivisa in rete per tre anni attraverso i protocolli peer-to-peer. Fu allora che i Mattes si accorsero che molti utenti stavano facendo, inconsapevolmente, la stessa cosa. Cominciarono a frugare nei loro computer, costruendo una collezione di migliaia di immagini private, resa pubblica dieci anni dopo con il titolo **The Others** (2011).

My Generation (2010) nasce invece come un *mash-up* di video amatoriali, raccolti su YouTube e raffiguranti dei giocatori che riversano le frustrazioni prodotte dal gioco sul loro computer. Che questi video di "angry gamers" siano autentici o artefatti ha poca importanza: costituiscono, nel loro complesso, un efficace ritratto di una generazione che vive con, ma soprattutto dentro, i computer.

[DQ]

Eva and Franco Mattes (IT)
www.0100101110101101.org

My Generation, 2010.
Video collage, still.
Courtesy the artists

SETH PRICE

"Pro-
duction, after all, is the excre-
tory phase in a process of appropriation." These are the
final words of **Dispersion**, an essay written by Seth Price in 2002, and subse-
quently published in various forms: a self-produced booklet, a facsimile assembled by an unauthorised publisher, a duplicate circulated by a Ukrainian
student, a series of panels on sale separately, a pdf file that can be downloaded
from his website. Which, incidentally, is called distributedhistory.com. Like many
of his other works, including the video **Redistribution** (2007 – ongoing), the project is still in progress, not because each of its incarnations is not finite and
complete, but because the artist reserves the right to rework it continuously.
Dispersion opens with a quote from Marcel Broodthaers: "The definition of artistic activity occurs, first of all, in the field of distribution." Price takes this statement very seriously. All of his work arises from the awareness that what he
is doing first and foremost is introducing content into a given distribution cir-
cuit, and his art explores the consequences of that act. This explains his interest
in distribution circuits alternative to the classic world of galleries and museums
(from the net to recording labels), and his desire, manifested in **Redistribution**,
to create works that share the "fragmentary nature" of the internet, and that
can be dispersed "among different media, different forms, and over time".
His belief that creating is about putting appropriated, digested materials back
into circulation, is what sparks his interest in redistribution, which involves a
much wider selection of materials, techniques and cultural forms: found footage,
folk tracks, the soundtracks of old videogames, calendars, collections of computer graphics, works by other artists, everyday items and actions, industrial
practices and... works by Seth Price. In **Redistribution**, Price "appropriates" footage of a conference on his own work and translates it into a video that he ma-
nipulates and updates every time it is exhibited. The conference itself is the first
act of redistribution, translating years of work into words and slides, and "per-
forming" that in front of an audience. The sense of unease and dissociation
generated by this, that Price compares to that connected with the excessive
realism of simulations, has led the artist to rework the material, introducing di-
versions, enigmatic images and gaps between the verbal flow and the visual
flow. In other words, the conference ceases to be an explanation
and is once more a work, a "formal abuse" of
its source material.
[DQ]

Redistribution, 2007 - ongoing.
High definition video projection, duration: 40 minutes.
Courtesy the artist and Friedrich Petzel Gallery, New York

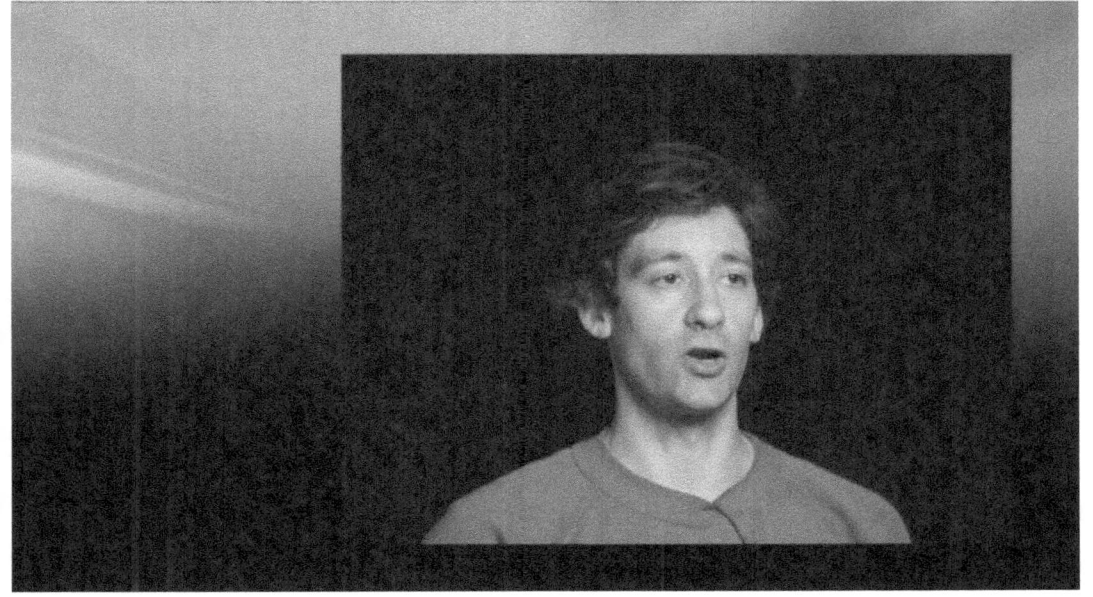

"La
produzione, dopo tutto, è la
fase escretiva in un processo di appropriazione". Con
queste parole si conclude **Dispersion**, un saggio scritto da Seth Price nel 2002
e reso pubblico, negli anni successivi, in forme diverse: un booklet autoprodotto,
un facsimile assemblato da un editore non autorizzato, un ciclostilato messo in
circolazione da uno studente ucraino, una serie di pannelli vendibili separata-
mente, un file .pdf scaricabile dal suo sito internet. Che, per inciso, si chiama
distributedhistory.com. Come molti suoi altri lavori, incluso il video **Redistribution** (2007 – in corso), il progetto è sempre aperto, non perché ogni sua singola
incarnazione non sia, di per sé, completa, ma perché l'artista si riserva il diritto
di rielaborarlo continuamente.

Dispersion si apre con una citazione di Marcel Broodthaers: "L'attività artistica
si definisce, innanzi tutto, nel campo della distribuzione." Price ha preso questa
affermazione molto sul serio. Tutto il suo lavoro nasce dalla consapevolezza di
costituire, prima di tutto, un atto di immissione di un contenuto in un determinato circuito distributivo, e indaga gli effetti di questo atto. Da qui nasce l'interesse per circuiti distributivi alternativi al classico mondo delle gallerie e dei
musei (dalla rete alle label discografiche); da qui il desiderio, esplicitato in **Redistribution**, di dare vita a lavori che condividano la "natura frammentaria" di
internet, e che possano essere dispersi "attraverso media diversi, forme diverse,
e nel tempo".

Dalla convinzione, invece, che creare significhi rimettere in circolazione contenuti appropriati e digeriti, nasce il suo interesse per la redistribuzione, che
coinvolge una scelta molto ampia di materiali, tecniche e forme culturali: found
footage, tracce folk, colonne sonore di vecchi videogame, calendari, collezioni
di immagini in computer grafica, opere di altri artisti, oggetti e gesti quotidiani,
tecniche industriali, e... opere di Seth Price. In **Redistribution**, Price "si appropria"
del footage di una conferenza sul proprio lavoro, e lo traduce in un video che
manipola e aggiorna a ogni occasione espositiva. La conferenza stessa costituisce un primo atto di redistribuzione, in cui il lavoro di anni viene tradotto in
parole e slide, e viene "performato" dinanzi a un pubblico. Il senso di disagio e
dissociazione da essa prodotto, che Price paragona a quello connesso con l'ec-
cessivo realismo delle simulazioni, ha spinto l'artista a rimaneggiarla, introdu-
cendo diversivi, immagini enigmatiche, scollamenti tra il flusso verbale e il flusso
visivo. In altre parole, la conferenza cessa di essere spiegazione e
torna a essere opera, "abuso formale" del suo
materiale di partenza.

[DQ]

JON RAFMAN

A moose running along a tarmac road going down to a lake, youngsters with obscured faces flipping a finger to the camera, three men being searched and arrested by the police, a naked figure poised to dive into the sea, a baby crawling along a road by itself, the immediate aftermath of a car accident, black smoke rising from the roof of a house: these are but a few of the images that Jon Rafman has gathered during lengthy sessions spent surfing around Google Street View.

Launched in 2007, Street View is designed to complement Google's existing mapping services, enhancing and enriching them with photographs taken at street level.

The images are captured all round the world by the American company's vehicles and then merged into a single scene, navigable 360° horizontally and 290° vertically, giving its users the sensation of being able to take a walk down the world's streets without ever leaving their computers.

Rafman is an untiring traveller who moves rapidly from one side of the world to the other to explore what he has not yet managed to visit in person, or revisit spots encountered during past travels. The artist is in search of places that fire up his imagination, just like the character in his video **You, the World and I** (2010), a modern-day Orpheus who travels the globe, returning to the locations he visited with his lover in the hope of finding images of her randomly captured on Google Street View.

Like a curious drifter, Rafman wanders the digital streets of the world, ready to devote his attention to anything that arouses his curiosity: images that recall the history of art and photography, or are simply appealing; curious, unusual or unexpected scenes which accidentally entered the visual field of the Street View cameras.

The journey undertaken by the artist takes place entirely on a map, in a world that is the outcome of a dual process of recording and simulation: images captured mechanically by impartial photographic lenses and then assembled to represent an experience of the real world as realistically as possible.

In this place, so real yet so completely immaterial, Rafman roams, investigating and examining every nook and cranny, in search of unique scenes to select and capture, appropriating them, and acknowledging in them the unique nature of his own personal vision of the world. [MC]

Un'alce
che corre su una strada asfaltata
che scende verso il lago, dei giovani dal volto offuscato
che mostrano il dito medio verso l'obiettivo, tre uomini perquisiti e arrestati dalla
polizia, una figura nuda in procinto di tuffarsi in mare, un bambino che gattona
da solo per strada, un incidente stradale appena avvenuto, il fumo nero di un in-
cendio che sale dal tetto di una casa: sono solo alcune delle immagini che Jon
Rafman raccoglie durante lunghe sessioni di navigazione all'interno di Google
Street View. Lanciato nel 2007, Street View è uno strumento nato per affiancarsi
ai già esistenti servizi di mappatura offerti da Google, completandoli e arric-
chendoli con fotografie scattate a livello stradale. Le immagini registrate in tutto
il mondo dai veicoli dell'azienda americana vengono successivamente composte
in un'unica panoramica navigabile a 360 gradi in senso orizzontale e a 290 gradi
in senso verticale, offrendo così ai propri utenti la sensazione di poter passeg-
giare per le strade del pianeta restando di fronte al proprio computer.
Rafman è un viaggiatore instancabile che si sposta rapidamente da un capo al-
l'altro del mondo per conoscere ciò che non ha ancora potuto visitare di persona,
o per rivedere i luoghi incontrati durante un viaggio compiuto in passato. L'artista
si muove alla ricerca di spazi in grado di emozionarlo, esattamente come il personaggio del suo video **You, the World and I** (2010), moderno Orfeo che si aggira
per il globo ripercorrendo i luoghi visitati con l'amata, nella speranza di trovare
qualche sua immagine registrata casualmente da Google Street View.
Come un curioso flâneur, Rafman si aggira per le vie digitali del mondo, pronto
a posare la sua attenzione su qualsiasi cosa stuzzichi la sua sensibilità di os-
servatore: immagini che rimandano alla storia dell'arte e della fotografia o semplicemente belle, scene curiose, insolite e inaspettate entrate in modo
accidentale nel campo visivo degli obiettivi di Street View.
Il viaggio compiuto dall'artista si svolge interamente all'interno di una mappa, in
un mondo che è frutto allo stesso tempo di un processo di registrazione e di simulazione: immagini catturate meccanicamente da imparziali obiettivi fotografici
e successivamente assemblate per rappresentare nel modo più realistico possibile
l'esperienza del mondo reale. In questo luogo così reale eppure completamente
immateriale Rafman si aggira indagando e scrutando ogni anfratto, alla ricerca di
momenti unici da scegliere e catturare, appropriandosene, riconoscendo
in essi l'unicità del proprio sguardo personale sul
mondo. [MC]

9 Eyes of Google Street View, 2009.
Set of digital photos, selection.
Courtesy the artist

CLAUDIA ROSSINI

"The inventory started in 1839 and since then just about everything has been photographed, or so it seems." Susan Sontag's assertion (1973) now seems truer than ever. Where the industrial society broke off, the information society has stepped in, completing the transformation of its citizens into "image junkies". So what scope remains today for those who wish to manifest their vision of the world?

Claudia Rossini seems to have found the answer in archives. For her, collecting, selecting and organising represents an effective alternative or a constructive prelude to taking up her camera. An effective alternative because her gaze, no longer conveyed through an image, can emerge in the interstices of the gazes of others. **Cruise in Venice** (2008) is an installation that gathers 100 photographs downloaded from the internet, taken by tourists from the bridge of cruise ships moored in Venice. Similarly, **Home Sweet Home** (2009) gathers 100 shots of domestic interiors that only at a closer look transpire to be those of chichi "dolls houses". A constructive prelude, because at times the interstices of what has already been photographed reveal openings onto what still can and should be photographed. **Ambiguous Hour** (2009) is an installation that documents that hour when the clocks change, based on shots taken by twenty four webcams, one for each time zone. In **Venice Atlas** (2009), fifty locations around Venice are photographed from above, from four different points. Another opening can come from intentionally embracing repetition, the conventional gaze: this is what Rossini does in **Reading Venice** (ongoing), shooting every street in Venice from each end, in the light of day, without people. Venice is captured as everyone has already seen it.

It is difficult to say what avenues **n-tuple** (2010 – ongoing) will open up. For the time being this project is an archive in the making, a blog of visual notes where Rossini gathers images and videos she finds on the net, predominantly to do with what the prevailing norm views as the extremes of sexuality: amateur porn, transvestitism, fetishism, bondage, homosexuality.

The title comes from computing, meaning a ordered list of elements. More than one tuple can form a "tuple space", a sort of shared blackboard accessible to both producers and users of data. According to Wikipedia, whose definition the artist draws on, "Tuple space may be thought as a form of distributed shared memory."

It is this memory that Rossini draws on, in the attempt to free these images from the normative structure of the archive and solve a problem: that of finding the beauty, that as the sub-title of the work says, we look for everywhere.

[DQ]

"L'in-
ventario è cominciato nel 1893
e da allora è stato fotografato quasi tutto, o almeno
così pare". La constatazione di Susan Sontag (1973) sembra, oggi, più vera che
mai. Laddove la società industriale si è fermata, la società dell'informazione ha
completato l'opera di trasformare i suoi cittadini in "drogati d'immagini". Che
spazio resta, oggi, a chi voglia rendere visibile il proprio sguardo sul mondo?
Claudia Rossini sembra aver trovato la risposta nell'archivio. Raccogliere, scegliere e ordinare è per lei, di volta in volta, un'efficace alternativa o un'utile premessa al mettersi dietro una macchina fotografica. Un'efficace alternativa,
perché il suo sguardo, non più veicolabile in una immagine, può emergere negli
interstizi degli sguardi altrui. **Cruise in Venice** (2008) è un'installazione che raccoglie 100 fotografie scaricate da internet, scattate da turisti sul ponte delle
navi da crociera ormeggiate a Venezia. Analogamente, **Home Sweet Home** (2009)
raccoglie 100 scatti di interni domestici, che solo a un'attenta analisi si rivelano
leziose "case di bambola". Un'utile premessa, perché a volte negli interstizi del
fotografato si aprono spiragli in cui è ancora possibile, e utile, fotografare. **Ambiguous Hour** (2009) è un'installazione che documenta l'ora ambigua di passaggio dall'ora legale all'ora solare attraverso gli scatti di ventiquattro webcam,
una per ogni fuso orario. In **Venice Atlas** (2009), cinquanta luoghi del territorio
veneziano sono fotografati dall'alto, da quattro punti differenti. Un'altra apertura
possibile può essere quella di abbracciare intenzionalmente la ripetizione, la
convenzionalità dello sguardo: è quanto Rossini fa in **Reading Venice** (in corso),
in cui ogni via di Venezia è fotografata all'inizio e alla fine del suo percorso, in
piena luce, senza persone. Venezia viene riguardata come tutti l'hanno già vista.
Difficile dire quali possibilità aprirà **n-tuple** (2010 – in corso). Per ora, si tratta
di un archivio in progress, un blog di appunti visivi in cui Rossini raccoglie immagini e video trovati in rete, e per lo più connessi a quelli che la norma do-
minante considera territori liminali della sessualità: pornografia amatoriale,
travestitismo, feticismo, bondage, omosessualità. Il titolo è preso dall'informatica, e sta ad indicare una lista ordinata di elementi. Più tuple possono formare
uno "spazio delle tuple", una sorta di lavagna condivisa accessibile tanto ai
produttori che agli utilizzatori di dati. Secondo Wikipedia, alla cui definizione
l'artista si rifà, "lo spazio delle tuple può essere descritto come una memoria
distribuita e condivisa." A questa memoria Rossini attinge, nel tentativo di libe-
rare queste immagini dalla struttura normativa dell'archivio e di risolvere un
problema: trovare la bellezza che, come dice la frase che
fa da sottotitolo al lavoro, cerchiamo
ovunque. [DQ]

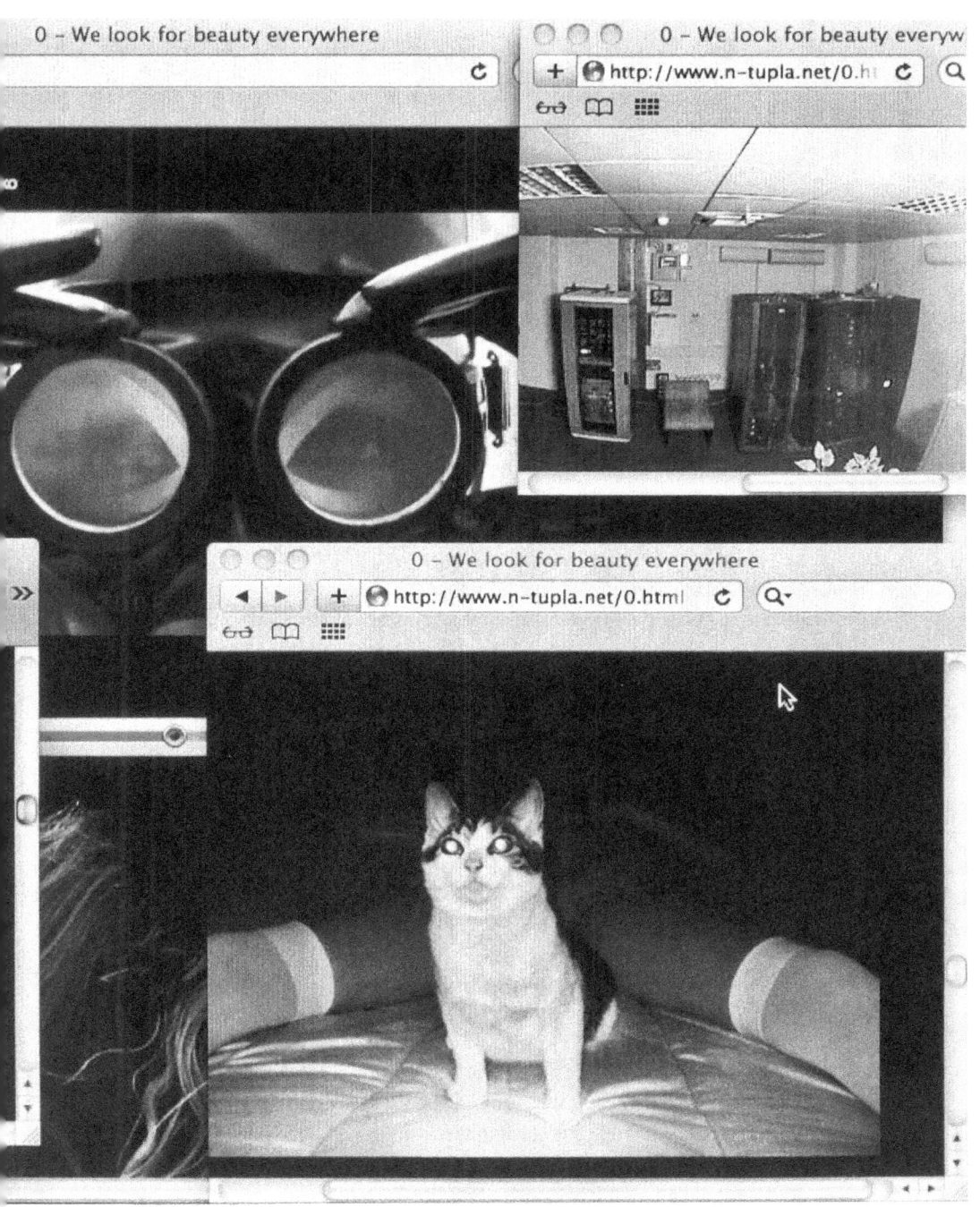

n-tuple (personal notes), 2010 - ongoing.
Website, variable dimensions.
Courtesy the artist

EVAN ROTH

In the internet era, collecting is no longer something we do by choice: it is an involuntary act that we perform every time we open a web page with our browser. In that moment, the programme automatically memorises a number of elements it deems relatively stable, to avoid having to retrieve them from the server at our next visit. All of this is saved in our browsing history or "cache".

And apart from the browser, the computer itself stores a record of every single operation we perform on it. These archives are not based on a conscious act of selection, and while on the one hand they yield an effective, telling portrait of our daily use of the net and computer, on the other they also keep track of marginal, unintentional material which might even have escaped our notice whilst browsing: advertising banners, web page design details, icons, images regarding news items we did not read, etc.

This is the memory that Evan Roth dips into in his project **Personal Internet Cache Archive** (2010 – ongoing): a series of prints and online works that present the traces of a day's web surfing, without selecting or tampering in any way with what the software offers up.

The material gathered is presented in its entirety, in a non-hierarchical and paratactic structure that does not tell a story, but many possible stories: a sort of daily diary that is absurdly detailed but paradoxically incapable of offering a reliable, meaningful image.

But while, like Evan Roth's portraits, these collections of images are basically unreliable, they function - and will function all the more with the passing of time - as highly detailed snapshots of a period in the history of the world and culture.

This is what informs the effort to grant permanence to something so ephemeral and transient, destined as it is to disappear, or be preserved only randomly and unwittingly.

This passion for archiving returns in many of Roth's works: from the video **C.R.E.A.M (Cache Rules Everything Around Me**, 2010), a mash-up that draws on his collection of animated gifs, to **Banners and Skycrapers** (2011), a website that animates a collection of 627 adverts, to the ambitious **Graffiti Research Lab**, a project based on open source software that analyses, documents and classifies urban graffiti. [DQ]

Nell'era di internet, collezio-
nare non è più una scelta: è un atto involontario, che
performiamo inconsapevolmente ogni volta che apriamo una pagina web nel nostro browser. In quell'istante, infatti, il programma memorizza automaticamente
sul nostro computer alcuni elementi che ritiene relativamente stabili, in modo
tale da non doverli richiamare dal server a una visita successiva. Tutto ciò viene
salvato nella cronologia, o "cache". Browser a parte, anche il computer tiene
memoria di ogni singola operazione da noi compiuta su di esso. Questi archivi
non si costruiscono su un atto consapevole di selezione, e se da un lato resti-
tuiscono un efficace, potente ritratto del nostro uso quotidiano della rete e del
computer, dall'altro mantengono traccia anche di materiali marginali, non inten-
zionali, spesso addirittura sfuggiti alla nostra attenzione durante l'atto della
navigazione: banner pubblicitari, dettagli del design della pagina, icone, immagini afferenti a notizie non lette, ecc.
È in questa memoria che va a pescare Evan Roth nel suo progetto **Personal Internet Cache Archive** (2010 – in corso): un ciclo di stampe e di lavori online che
ripropone le tracce di una giornata di navigazione, senza alcuna selezione o manomissione di ciò che viene restituito dal software. I materiali raccolti vengono
riproposti nella loro totalità, in una struttura a-gerarchica e paratattica che
non racconta una storia, ma tante storie possibili: una sorta di diario quotidiano
assurdamente dettagliato ma, paradossalmente incapace di restituirci un'immagine affidabile e dotata di senso compiuto.
Ma se, come ritratti di Evan Roth, queste raccolte di immagini sono fondamen-
talmente inaffidabili, esse funzionano – e funzioneranno sempre di più a distanza
di tempo – come istantanee dettagliatissime di un momento della storia del
mondo e della cultura. Da qui lo sforzo di rendere perenne, attraverso il mezzo
della stampa, qualcosa di estremamente effimero e transeunte, destinato com'è
alla scomparsa o alla conservazione casuale e inconsapevole.
Questa febbre archivistica ritorna in molti altri lavori di Roth: dal video **C.R.E.A.M**
(**Cache Rule Everything Around Me**, 2010), un mash-up realizzato attingendo alla
sua collezione di gif animate, a **Banners and Skycrapers** (2011), un sito web che
anima una collezione di 627 annunci pubblicitari, fino all'ambizioso **Graffiti Research Lab**, un progetto di analisi, documentazione e categorizza-
zione dei graffiti urbani basato su software
open source. [DQ]

Evan Roth (US)
http://evan-roth.com
(or just google "bad ass mother fucker")

Next page:
Personal Internet Cache Archive (May 6, 2011).
C-Print, 135 x 102 cm
Courtesy the artist

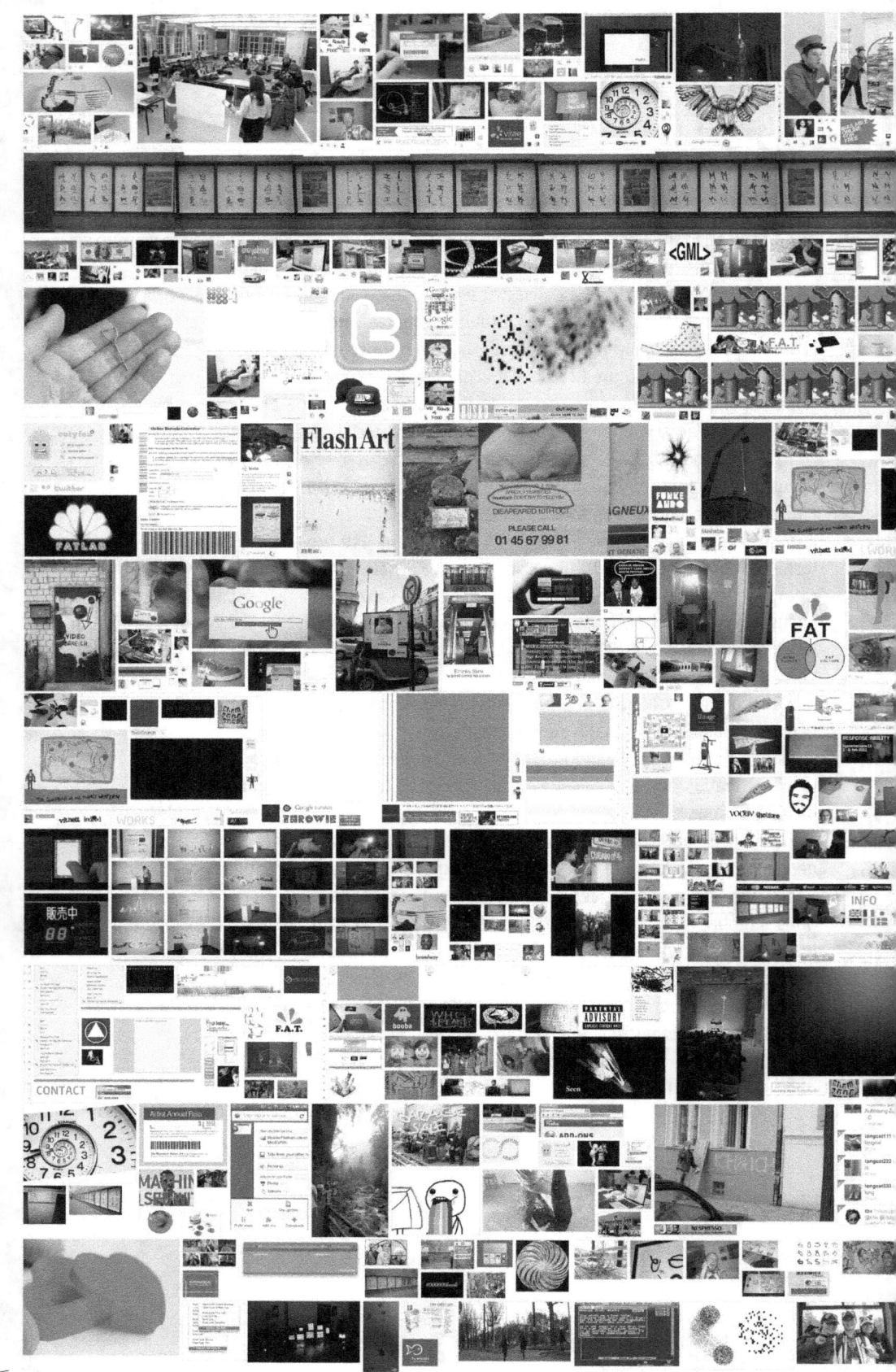

TRAVESS SMALLEY

Travess Smalley is an artist of vision who has succeeded in integrating hardware and software in his kaleidoscopic toolbox. His work could be described as a continuous, ongoing process of formal research that leaves traces and fragments along the way. These traces might be drawings, sculptures, videos or static and animated images, but such distinctions do not do justice to the continuity, which is also physical, between these artefacts. "These physical works are often responses to the digital work I'm making. And the digital work is often a response to physical work (a drawing becomes a photograph that is edited digitally, color corrected, printed, traced, scanned, and becomes the idea for a new animated GIF)".

Yet Smalley challenges viewers to trace his production process, or even attempt to do so. His ideal viewer is one who looks at his images in ingenuous wonder, without trying to understand whether a certain fragment is original or an appropriation, whether an object is a photo of a sculpture or a 3D model, whether a given effect of "reality" is real or a digital simulation, the consequence of an analogic process or a Photoshop filter.

There is a term in robotics and 3D design jargon that aptly describes Smalley's work: "the uncanny valley". This is the location in our perception for manmade simulations that fall into the category of near-perfect. While imperfect simulations elicit empathy, those that are faultless tend to generate revulsion, as they make it impossible for us to distinguish between human and artificial, and generate a sensation of threatening uncertainty. Smalley's best images sit in the "uncanny valley" that lies between representation and abstraction, digital and analogic, avant-garde and kitsch, art and design, copy and original, one technique and another, yet they lack the implicit threat of an overly human robot, and therefore do not generate revulsion, rather a mixture of uneasiness and visual pleasure.

All of this also applies to his early collages, colourful, maximalist works. These are based on the results of image searches for place names from sci fi novels, that he collects and then blends digitally, enhancing their effect of unreality. As he writes: "I must first warn you I often confuse the words collage and drawing when explaining works I've made, I think this happens because I often explore both simultaneously...". [DQ]

Travess Smalley è un artista della visione che ha perfettamente integrato l'hardware e il software nella sua ricchissima cassetta degli attrezzi. Il suo lavoro potrebbe essere descritto come una continua ricerca formale che procede senza scatti e interruzioni, e che lascia tracce e frammenti lungo la strada. Queste tracce sono disegni, sculture, video, immagini statiche e animate, ma questa distinzione non rende ragione della continuità, anche fisica, che collega questi artefatti. "I lavori fisici rispondono spesso al lavoro digitale che sto facendo. E il lavoro digitale è spesso una risposta al lavoro fisico (un disegno diventa una fotografia che viene manipolata digitalmente, riequilibrata nei toni, stampata, segnata, scansionata per poi diventare l'idea di partenza per una nuova GIF animata)."

Tuttavia, Smalley diffida degli spettatori che siano in grado di tracciare il suo processo produttivo, o che quanto meno si sforzino di farlo. Il suo spettatore ideale è quello che si pone con ingenuo stupore di fronte alle immagini, senza cercare di capire se un determinato frammento sia originale o appropriato, se un oggetto sia la fotografia di una scultura o un modello 3D, se un determinato effetto di "realtà" sia reale o simulato digitalmente, sia la conseguenza di un processo analogico o di un filtro di Photoshop. Nel linguaggio della robotica e del design 3D, esiste un concetto che si presta bene a descrivere il lavoro di Smalley: "the uncanny valley". La "valle misteriosa" è il luogo della percezione in cui si collocano le simulazioni quasi perfettamente riuscite dell'uomo. Se le simulazioni imperfette producono empatia, quelle troppo perfette producono repulsione, per l'incapacità di distinguere tra umano e artificiale e per il senso di pericolo che questa incertezza produce. Le migliori immagini di Smalley si collocano nella "valle misteriosa" tra rappresentazione e astrazione, tra digitale e analogico, tra avanguardia e kitsch, tra arte e design, tra copia e originale, tra una tecnica e l'altra; ma mancando del senso di minaccia implicito in un robot "troppo umano" non producono repulsione, ma piuttosto un misto di inquietudine e piacere visivo.

Tutto ciò è vero anche per i suoi precoci collage, coloratissimi e massimalisti. Per realizzarli, ha fatto una ricerca per immagini a partire da toponimi pescati in romanzi di fantascienza, per poi collezionarle e combinarle digitalmente, lavorando sul loro aspetto di irrealtà. Ha scritto: "Devo innanzitutto avvisarti che confondo spesso le parole collage e disegno quando spiego i lavori che ho fatto. Credo che succeda perché, in studio, li esploro spesso simultaneamente..."

[DQ]

Travess Smalley (US)
www.travesssmalley.com

Molten Mountain Collage, 2008.
26 inch x 40 inch, digital collage print on clear acetate, ed. 3+PA.
Courtesy Gloria Maria Gallery, Milan

RYAN TRECARTIN

Ryan Trecartin's voracity is equal only to his ability to construct majestic narrative edifices out of the elements he has appropriated. If this was not evident enough in his long, intricate, over the top, noisy, disorienting videos, the portfolio of four portraits that he created for W Magazine shows it with the punch that only a static image can pack. Lizzie Fitch, Veronica Gelbaum, Telfar Clemens and Ashland Mines, all friends and collaborators of the artist's, are presented in the form of complex hypertexts, assemblages of hundreds of images, brands, styles, icons, references, accessories, products, snippets of text, bits of other people's bodies. Each image is the result of months of research work, and post-production leaves no details of the original photo intact. Telfar's skin veers from red to white to mulatto to black, Veronica poses in a sea of logos, Lizzie shows off different depths of tan and Ashland's face has morphed into a steering wheel. These are post-human, post-technological beings, mutable when it comes to physical form, sexual identity, and their relationship with the world of products and information. When faced with these images – in which every detail, far from being gratuitous, has a precise narrative function – Jeff Koons' most convoluted post-modern collage looks as classical and harmonious as a Giotto fresco compared to a Hieronymus Bosch polyptych.

Indeed there would be no other way to construct – piece by piece, year by year – the videos that represent the most significant part of the artist's oeuvre. The point of departure is the screenplay – a flow of words, a whirl of jargon, neologisms, clichés, chat dialogues and advertising slogans that, as Brian Droitcour notes, gives rise to an unmistakeable style similar to poetry. This is followed by a period in which Trecartin, as he has stated, writes, films and edits all at once. Each of these levels is characterised by accumulation and excess: the characters' overdone make-up, the hammed up acting, the extreme tension of the background soundtracks, the kaleidoscopic succession of digital filters and post production effects. These strategies reach a culmination in the tetralogy **Re'Search Wait'S** (2009 – 2010), which includes **Ready, The Re'Search, Roamie View: History Enhancement** and **Temp Stop:** a series dedicated to seeking (work, our origins, meaning) in the era of information overload, multitasking, YouTube monologues, appropriation and originality at any cost and the fact that "no one wants to loop a pre-set", that drives JJ, the lead character in **Roamie View**, to travel back in time to "edit" the past. [DQ]

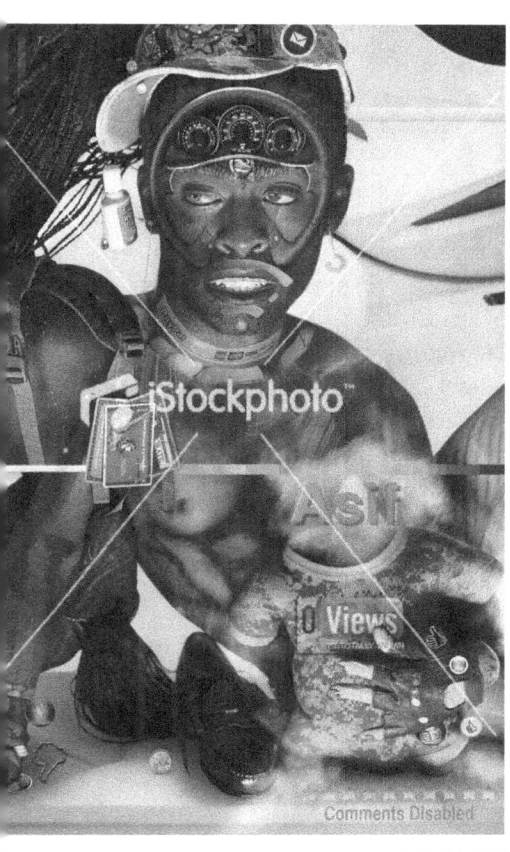

La voracità di Ryan Trecartin
è pari solo alla sua capacità di costruire maestosi edi-
fici narrativi con gli elementi di cui si è appropriato. Se ciò non fosse abbastanza
evidente nei suoi lunghi, intricati, eccessivi, rumorosi, disorientanti video, il portfolio di quattro ritratti creati per W Magazine lo mostra con la violenza che solo
un'immagine statica può concedersi. Lizzie Fitch, Veronica Gelbaum, Telfar Clemens e Ashland Mines, collaboratori e amici dell'artista, sono complessi ipertesti,
assemblaggi di centinaia di immagini, marchi, stili, icone, riferimenti, accessori,
prodotti, frammenti testuali, pezzi di corpi altrui. Ogni immagine è il frutto di un
processo di ricerca durato mesi, e di un lavoro di postproduzione che non lascia
intatto alcun dettaglio originale. La pelle di Telfar vira dal rosso al bianco al me-
ticcio al nero, Veronica posa in un mare di loghi, Lizzie sfoggia diversi livelli di
abbronzatura, e il volto di Ashland è diventato tutt'uno con il volante di un'au-
tomobile. Sono individui postumani, postecnologici, fluidi nella fisicità, nell'identità sessuale, e nel loro rapporto con il mondo dei prodotti e delle informazioni.
Messo a confronto con queste immagini – in cui ogni dettaglio, lungi dall'essere
gratuito, ha una precisa funzione narrativa – il più involuto collage postmoderno
di Jeff Koons sembra classico e equilibrato come un affresco di Giotto di fronte
a un polittico di Hieronymus Bosch.

Non altrimenti si costruiscono – pezzo dopo pezzo, in anni di lavoro – i video che
costituiscono la parte più nota del lavoro dell'artista. Il punto di partenza è la
sceneggiatura – un flusso di parole in cui vengono centrifugati gerghi, neolo-
gismi, cliché, forme del dialogo in chat, slogan pubblicitari per convertirli, come
ha notato Brian Droitcour, in uno stile inconfondibile, simile al linguaggio poe-
tico. Quindi segue un momento in cui il lavoro procede su vari livelli, e in cui
Trecartin, come ha dichiarato, sta scrivendo, girando, editando nello stesso momento. Accumulazione ed eccesso ricorrono a ciascuno di questi livelli: nel
make-up esagerato dei personaggi, nella recitazione sopra le righe degli attori,
nella tensione estrema del tappeto sonoro, nella successione caleidoscopica di
filtri digitali ed effetti di postproduzione. Strategie portate all'apice del loro cli-
max nella tetralogia **Re'Search Wait'S** (2009 – 2010), che comprende **Ready, The
Re'Search, Roamie View: History Enhancement** e **Temp Stop**: un ciclo sulla ricerca
(del lavoro, delle origini, del senso) nell'era del sovraccarico informativo, del
multitasking, dei monologhi-fiume su YouTube, dell'appropriazione e dell'originalità a ogni costo, e del rifiuto di "ripetere un effetto predefinito" ("no one
wants to loop a pre-set") che spinge JJ, protagonista di **Roamie View**, a viaggiare nel passato per
"editarlo". [DQ]

Roamie View: History Enhancement (Re'Search Wait'S), 2009-2010.
HD Video, 28.23 min, stills.
Courtesy the artist and Elizabeth Dee Gallery, New York

Josephine Bosma is a writer and critic. She made documentaries and interviews about new media culture for radio from 1993, but moved to writing in 1996. Bosma has published interviews, reviews and texts about art and new media in various catalogues, books and magazines, both on and offline.
Her work mostly focusses on net art, sound art and net culture.
In spring 2011 she published a collection of essays called *Nettitudes - Let's Talk Net Art* with NAi Publishers and the Institute for Network Cultures. She lives and works in Amsterdam.
www.josephinebosma.com

Gene McHugh is an art writer and curator based in Brooklyn.
His writing has appeared in *Artforum* and *Rhizome*, and he was the recipient of the Creative Capital | Warhol Foundation Arts Writers Grant for his blog, Post Internet.
McHugh is currently the Kress Fellow in Interpretive Technology at the Whitney Museum of American Art.
http://122909a.com/

Joanne McNeil is senior editor of *Rhizome*, an organization dedicated to the creation, presentation, preservation, and critique of emerging artistic practices that engage technology.
She is founding editor of *The Tomorrow Museum*, a collection of essays on technology, identity, and culture.
Her writing has appeared in *Frieze, Reason, The Boston Globe*, and other publications.
http://joannemcneil.com/

Domenico Quaranta is an art critic and curator.
His previous publications include *Gamescenes. Art in the Age of Videogames* (2006, co-edited with Matteo Bittanti), *Media, New Media, Postmedia* (2010) and *In Your Computer* (2011).
He curated various shows, including
Holy Fire. Art of the Digital Age (2008, with Yves Bernard) and *Playlist. Playing Games, Music, Art* (2009 – 2010).
He is the founding Director of the MINI Museum of XXI Century Arts and a co-founder of the LINK Center for the Arts of the Information Age.
http://domenicoquaranta.com

Authors

Josephine Bosma è critica d'arte e scrittrice. Dal 1993, ha realizzato per la radio documentari e interviste sulla cultura digitale, e nel 1996 ha iniziato a scrivere.
Ha pubblicato interviste, recensioni e saggi sull'arte e i nuovi media in cataloghi, libri e riviste, online e offline.
Si è concentrata, per lo più, sulla net art, la sound art e l'internet culture.
Nella primavera 2011 ha pubblicato, con NAi Publishers e l'Institute for Network Cultures, una raccolta di saggi intitolata *Nettitudes - Let's Talk Net Art*.
Vive e lavora ad Amsterdam.
www.josephinebosma.com

Gene McHugh è un critico d'arte e curatore che vive a Brooklyn.
Suoi testi sono stati pubblicati su *Artforum* e *Rhizome*.
Per il suo blog Post Internet ha ottenuto il Creative Capital | Warhol Foundation Arts Writers Grant.
McHugh è attualmente Kress Fellow in Interpretive Technology presso il Whitney Museum of American Art.
http://122909a.com/

Joanne McNeil è senior editor di *Rhizome*, un'organizzazione dedicata alla creazione, presentazione, conservazione e critica delle pratiche artistiche emergenti che si servono della tecnologia.
È founding editor di *The Tomorrow Museum*, una raccolta di saggi sulla tecnologia, l'identità e la cultura.
I suoi testi sono apparsi in *Frieze, Reason, The Boston Globe*, e altre pubblicazioni.
http://joannemcneil.com/

Domenico Quaranta è critico d'arte e curatore.
Le sue pubblicazioni includono *Gamescenes. Art in the Age of Videogames* (2006, co-curato con Matteo Bittanti), *Media, New Media, Postmedia* (2010) e *In Your Computer* (2011).
Ha curato diverse mostre, tra cui
Holy Fire. Art of the Digital Age (2008, con Yves Bernard) e *Playlist. Playing Games, Music, Art* (2009 – 2010).
È fondatore e direttore del MINI Museum of XXI Century Arts e co-fondatore del LINK Center for the Arts of the Information Age.
http://domenicoquaranta.com

Collect the WWWorld
The Artist as Archivist in the Internet Age
Curated by Domenico Quaranta

September 24 - October 15, 2011
Spazio Contemporanea - Brescia (Italy)

Exhibition and book produced by

LINK Center for the Arts of the Information Age
Brescia (Italy)
www.linkartcenter.eu

EXHIBITION

Curator
Domenico Quaranta

Managing Director
Fabio Paris

Marketing and Communication Director
Lucio Chiappa

Team
Matteo Cremonesi, Susanna Scotti

Collaborators
Gloria Colucci, Damiana Gatti, Claudio Rivetti

Individual artist presentations in Collect the WWWorld
have been supported by the artists and
Elizabeth Dee Gallery, New York
Fabio Paris Gallery, Brescia
Friedrich Petzel Gallery, New York
Gloria Maria Gallery, Milano
Massimo Minini, Brescia
Postmasters Gallery, New York
Seventeen, London
Team Gallery, New York

Special thanks to
Carlo Clerici, Lauren Cornell, Eugenio De Caro,
Régine Debatty, Michela Lodrini, Valentina Tanni,
Elena Vagni, Valeria Zacchi

With the support of

RegioneLombardia
Cultura

Dutch artists presentations in the show have
been supported by: Mondriaan Foundation

Mondriaan Stichting
(Mondriaan Foundation)

CATALOGUE

Published by
LINK Editions

Edited by
Domenico Quaranta

Essays
Josephine Bosma, Joanne McNeil, Gene McHugh,
Domenico Quaranta

Catalogue Entries
Matteo Cremonesi [MC] Domenico Quaranta [DQ]

Translations
Anna Carruthers, Darcy DiMona (AMROS Solutions)

Graphic Design
fpeditions

The cover of this book is a compilation of images
found on http://ffffound.com/

Printed and distributed by Lulu.com
www.lulu.com

ISBN 978-1-4709-0161-5

Main sponsor

Technical sponsor

INNOVATION DISCOVERY